**인생이 가벼워지는
50가지 철학**

50 philosophische Erkenntnisse,
die das Leben leichter machen

by Ulrich Hoffmann

50

인생이 가벼워지는 50가지 철학

philosophische Erkenntnisse,

Ulrich Hoffmann

die das

위대한 철학자들의 문장에서
건져 올린 삶의 지혜

Leben leichter machen

울리히 호프만 지음
이상희 옮김

추수밭

한 그루의 나무가 모여 푸른 숲을 이루듯이
청림의 책들은 삶을 풍요롭게 합니다.

머리말

✳

철학은 무슨 일이 벌어지든 출동할 준비가 되어 있다

세상에서 쓸모없는 전공으로 여겨지는 것 중 하나가 철학이다. 주변 사람들을 살펴보자. 그중에는 전문 경영인, 교사, 엔지니어로 일하는 이들도 있을 것이다. 게다가 정치학자, 행정 전문가, 화학자, 도시계획가, 의사, 법학자 같은 이들이 무엇을 전공했는지도 사람들은 어느 정도 알고 있다.

그런데 철학자라고? 대개는 그들이 무슨 일을 하는지 감을 잡기가 어렵고, 어쩐지 조금은 고리타분해 보일 것이다. 하지만 이 점에 관해서 나는 늘 견해가 달랐다. 근본적인 문제를 깊이 사유하고 (그 의미가 무엇이 되었든) '진리'를 찾아 나서는 작업이야말로 흥미진

진하고도 유익한 것이라 생각했다.

철학자들은 우리보다 한발 앞서 사고한다. 그리고 언제, 어디서 우리에게 위험으로 다가올지 모를 문제들을 다룬다. 다른 분야의 사람들과 달리 긴급한 상황이 닥쳤을 때뿐 아니라 평소에도 그런 작업을 한다. 따라서 철학자들은 무슨 일이 벌어지든 상관없이 출동할 준비가 되어 있는 셈이다.

기업들의 일상적 업무에 이런 철학적 사고가 필요할까? 물론 그럴 일은 별로 없을 것이다. 정부 기관들은 어떤가? 물론 거기서도 깊이 있는 사고가 요구되지만 주제를 너무 깊이 파고들다 보면 특정 사안을 논의하고 협상하는 일이 더 힘들어질 수도 있다.

그렇다면 철학과 철학자는 누구에게 필요할까? 나는 우리 모두에게 매일매일 철학이 유용하다고 확신한다. 철학은 세상을 살아가는 우리가 매 순간 마주하는 길을 잘 헤쳐 나가도록 도와준다. 철학은 자기가 세상의 주인이 되어 책임감을 갖고 살아갈 수 있게 하는 나침반 역할을 한다.

철학자는 광고 카피라이터도 인생 코치도 아니다. 그래서 우리를 단숨에 사로잡는 멋진 표현보다는 이해하기 어려운 용어를 사용할 때도 많다. 이 책에서 나는 인생을 살아가는 데 도움이 될 것 같은 철학적 통찰들을 선별해 소개하고자 한다. 그 선택은 순전히 개인적 판단에 따른 것이다.

거기에는 오래전 살았던 사상가들의 문장뿐 아니라 현재와 관련 깊은 이 시대 철학자의 문장도 있다. 이 책에서는 각각의 문장이 철학적으로 어떤 의미가 있는지 간략히 설명하고 그 구체적 사례와 응용 방법도 소개할 것이다. 그러면서 우리는 세상을, 또 그 안에서의 우리 경험을 더 잘 이해할 수 있을 것이다.

여기 모아놓은 통찰들은 우리의 가치와 목표, 관계에 관해 깊이 생각하고, 어떻게 행동하고 결정할지 의식적인 선택을 하도록 해준다. 또 불안과 의심에서 벗어나 자신과 타인을 더 잘 이해하는 데에도 일조한다. 그러면서 우리는 더 수월하게, 더 의식적으로 우리를 둘러싼 세상에 참여하고 사람들과 관계를 맺을 수 있게 될 것이다.

아무쪼록 《인생이 가벼워지는 50가지 철학》이 여러분에게 유쾌한 자극을 제공하고 삶에 유용한 책이 되었으면 한다.

그럼 즐거운 시간이 되길!

울리히 호프만

차례

• 1부 •
일상의 무게를 덜어주는 철학

50 philosophische Erkenntnisse,

die das
Leben leichter
machen

· 1부 ·

일상의 무게를 덜어주는 철학

1

"인생의 목적은 행복이다."

에피쿠로스

Epicouros

기원전 341~270

✳

고대 그리스의 철학자.
에피쿠로스학파의 창시자로 쾌락주의 철학을 발전시켰다.

＊　　　언제부터인가 너도나도 삶의 '의미'를 찾느라 바쁘다. '의미' 대신 좀 더 그럴듯하게 들리는 '목적'이라는 말을 쓰기도 한다. 그런데 목적을 뜻하는 'purpose'는 '의미'보다는 '사명'에 가까운 단어로, 정확한 뜻은 둘 사이 어디쯤에 있을 것이다.

그런데 삶에 '의미'가 필요할까? 우리는 왜 의미를 찾는 걸까? 여러 철학자의 주장에 따르면 그것은 우리가 행복을 바라기 때문이다!

그리스 철학자 에피쿠로스는 인생의 목적을 행복이라고 생각했다. 프랑스 철학자 볼테르Voltaire도 마찬가지였는데, 앞서 소개한 문장은 볼테르의 말로 인용되기도 한다.

디오게네스 라에르티오스Diogenes Laërtius에 의해 전해지는 에피쿠로스의 편지에는 이런 구절이 있다. "쾌감이 행복한 삶의 시작과 끝이라고 말하는 이유도 그것 때문이다. 쾌감이 인생의 목적이라고 말할 때 우리는 방탕아의 욕정이나 단순한 즐김을 말하는 것이 아니다. 무지하거나 우리와 생각이 다르거나 우리를 오해하는 사람들이 그렇게 말하기도 한다. 하지만 우리는 그것을 육체의 고통이나 마음의 동요를 느끼지 않는 상태로 이해한다."

이것이야말로 '행복'이 아니고 무엇이란 말인가? 공교롭게도 이런 설명은 세계보건기구WHO가 규정한 건강의 기준과 유사하다. 이에 따르면 건강은 신체적·정신적·사회적으로 완전히 안녕한 상태를 말한다. 즉 수치로 측정할 수 없는 일종의 규범적 자산인 셈

에피쿠로스

이다.

또 플라톤*Platon*은 인간은 이성과 의지와 욕망이 서로 조화를 이룰 때 행복하다고 했다. 아리스토텔레스*Aristoteles*는 오직 인간 공동체의 일부로서만, 우리가 물려받은 재능을 적극적으로 실천할 때에만 행복할 수 있다고 믿었다. 이마누엘 칸트*Immanuel Kant*는 "인간의 행복은 자신의 의무를 다하는 것이다"라고 말했다. 아르투어 쇼펜하우어*Arthur Schopenhauer*는 "행복의 비밀은 우리가 바라는 대로가 아니라 있는 그대로 사물을 받아들이는 데에 있다"라고 조언했다.

현대 심리학은 강렬하게 끓어오르는 행복감보다는 잔잔하고 오래 유지되는 만족감을 강조하는 경향이 있다. 부인할 수 없는 사실은 인간은 불만족보다는 만족을, 불행보다는 행복을, 슬픔보다는 기쁨을 원한다는 것이다. 그것은 합리적이기도 하다.

여기서 자연스럽게 질문이 떠오른다. 행복이란 무엇인가? 나는 언제 행복한가? 청소년 시절 부모님이 내게 생활비를 쥐여주고는 훌쩍 휴가를 떠난 적이 있었다. 나는 그 돈으로 샐러드와 통밀 빵 대신 당시 좋아하던 레몬 아이스크림을 사 먹었다. 매일 2리터에 달하는 레몬 아이스크림은 사춘기 소년의 칼로리 수요를 충당하기에 충분했다. 게다가 돈이 남기까지 해서 스스로가 꽤 똑똑하다고 생각했다. 물론 아이스크림 맛도 훌륭했다.

하지만 그것도 잠시뿐이었다. 때로는 좋은 것도 지나치면 해가 되는 법이다. 내 경우 그 정도까지는 아니었지만, 일주일쯤 지나자 더는 레몬 아이스크림이 생각나지 않았다(냉동실에는 여전히 몇 리터의 아이스크림이 남아 있었다).

그 후로 몇 년 동안 레몬 아이스크림이라면 쳐다보기도 싫었다. 지금은 달라졌지만 그래도 예전처럼 열광할 정도는 아니다. 좋아하는 아이스크림으로 배를 꽉꽉 채웠던 것이 과연 '행복'이었을까? 과연 소비가 우리를 행복하게 해줄까?

감각적 쾌락을 극대화한다는 쾌락주의는 일단 멋지게 들린다. 노래하고 춤추고 마음껏 먹고 마시며 인생을 즐기는 것이다. 하지만 쾌락주의는 '가속화' 논리를 따를 수밖에 없다. 지난달 우리가 열광한 대상은 이제 우리를 만족시키지 못한다. 그러면서 장기적으로는 과잉 소비로 이어진다.

그렇다면 우리가 행복을 느끼기 위해서는 굴곡진 삶이나 변화무쌍한 사건들이 필요한 것인지도 모른다. 내 경험상 우리를 행복하게 하는 요인들을 개별적으로 꼽는 것은 불가능에 가깝다. 가령 사랑하고 사랑받는다고 무조건 행복한 것도 아니다. 멋진 자동차, 오랜 휴가, 미슐랭 3스타 식당 방문 같은 것들도 마찬가지다. 물론 그것대로 다 좋지만 우리를 행복하게 하는 것은 이 모든 것이 한데 어우러진 무엇이 아닐까.

삶의 의미와 관련해서도 마찬가지다. 의미 있게 느껴지는 일 또는 과제가 있다면 더할 나위 없을 것이다. 그렇지 않다면 결국 번

에피쿠로스

아웃 증후군이나 우울증에 빠질 위험이 크다. 이 밖에 늘 접하는 주위 환경에서 편안함을 느끼는 것도 중요하다. 주변 동료나 상사, 가족, 친구와 같이 매일 만나는 사람들은 우리의 만족감에 큰 영향을 미치기 때문이다.

진화생물학적 관점에서 볼 때 우리 삶은 종족 보존이라는 '목적'만을 위한 것인지도 모른다. 지구라는 시스템의 관점에서 보자면 생명체 각각에는 어떠한 목적도 없어 보인다. 그럼에도 불구하고 개개인의 주관적 관점에서 보면 우리는 모두 저마다 삶의 목적을 찾고 싶어 한다.

행복한 것은 좋은 것이고 행복하게 살고자 하는 것은 나르시시즘적인 특권 의식이 아니다. 우리는 누구나 행복해지기를 원한다.

소크라테스Socrates는 "반성 없는 삶은 살 가치가 없다"라고 말했다. 사람들은 이 말을 지적인 자기 성찰을 거친 삶만이 가치가 있다는 식으로 이해하고는 한다. 제 할 일을 하는 양치기나 건설 노동자의 삶은 가치가 없다는 식이다.

내 생각은 다르다. 자기 삶을 성찰하는 데 반드시 고도의 추상적인 사고가 필요한 것은 아니다. 우리는 자기 자신을 관찰하고 알아감으로써 무엇이 우리를 행복하게 만드는지 발견할 수 있다. 그것을 찾아냈다면, 남은 일은 더 행복해지는 데 필요한 일을 하는 것이다. 그럴 때 비로소 우리는 삶이 살 만한 가치가 있다고 느낄 것이다.

이렇게 이해하면 인생의 '목적'은 우리가 하는 여러 일, 수많은 사람이 추구하는 그런 '의미'와는 무관하다. 오히려 이 의미는, 즉 우리의 행위는 행복으로 가는 길에서 지팡이 역할을 한다. 그리고 그 길을 걸어가는 것이 곧 우리의 과제, 우리의 '목적'이다.

목표, 자기 성찰, 결단

에피쿠로스

2

"행복한 사람의 세계와
불행한 사람의 세계는 다르다."

루트비히 비트겐슈타인
Ludwig Wittgenstein
1889~1951

✳

20세기의 철학자. 영미 분석철학의 선구자로
논리 실증주의와 일상 언어철학에 영향을 끼쳤다.

*   지인이 오랫동안 실직자로 지내던 때가 있었다. 그는 이런 상황을 불경기, 인사 담당자, 아내 탓으로 돌렸다. 자기만 빼고 모두에게 그의 실직에 관한 책임이 있었다. 그렇다고 자신의 '잘못'으로 그런 상황에 빠진 것도 아니었다. 여건이 좋을 때도 나쁠 때도 있었는데, 지금은 다시 모든 일이 순조롭게 되어가고 있다. 다만 일이 뜻대로 풀리지 않았던 시기에 그는 세상을 부정적으로 바라보며 스스로 상황을 더 악화시켰을 뿐이다.

     마찬가지로 어떤 철학자는 해결책을 내놓는 대신 문제만을 지적함으로써 궁지에서 쉽게 벗어나려 하기도 한다. 하지만 철학자 루트비히 비트겐슈타인은 살아가면서 쉬운 길만 찾는 부류와는 거리가 멀었다. 그런 만큼 앞서 인용한 그의 문장의 바탕에는 멸시보다는 동경의 어조가 깔려 있다고 해도 좋을 듯하다. 루트비히 비트겐슈타인의 《논리 철학 논고》에 담긴 이 문장의 핵심은 '행복이 불행보다 낫다'는 것이 아니라 그 차이가 엄청나다는 데에 있다. 그 둘은 완전히 딴 세상이다!

     나는 비트겐슈타인의 문장을 두 가지 측면에서 읽는다. 한편으로는 그것을 비유적 표현으로 읽는다. 진짜 행복한 사람은 불행한 사람과 다른 세상에 산다는 것이 아니라 그렇게 느낀다는 것이다. 즉 더 행복해지고자 노력하는 것은 가치 있는 일이라는 것이다. 행복이 주는 이득이 엄청나기 때문이다. 실제로 우리는 자신의 행복에 영향을 줄 수 있는데다 소중한 꿈을 이루기 위해 노력할 수 있

루트비히 비트겐슈타인

다. 또 지금 가지고 있는 것에 기뻐하며 기대치를 낮출 수 있다.

다른 한편으로 우리는 비트겐슈타인의 문장을 문자 그대로 이해할 수도 있다. 우리가 바라보는 것이 우리의 세계라면, 불행한 사람이 바라보는 세계는 행복한 사람의 세계와는 분명 차이가 있다. 그 둘은 완전히 다른 세계다.

이 같은 인식은 내게 여러모로 도움이 된다. 첫째, 행복한 삶을 살도록 동기를 부여한다. 둘째, 일이 잘 풀리지 않을 때 세상을 향해 느끼는 좌절감을 상대화시킨다. 언젠가는 세상을 다르게 바라볼 날이 올 수 있음을 알기 때문이다. 셋째, 이런 관점에서 보면 불운한 처지에 놓인 타인을 더 너그럽게 대할 수 있다.

예컨대 앞서 언급했던, 불평불만을 늘어놓던 지인은 내가 본 세계를 설명한 것이 아니다. 그것은 그가 본 세계였다. 그럴 때 그에게 현실은 딴판이라고 설명하려 드는 건 얼마나 어리석은 일인가. 경제 상황이나 아내 혹은 인사 담당자 등 어느 누구도 그에게 반감을 품은 것이 아니라고 말이다. 적어도 내게는 그렇게 보였다. 물론 나는 그와 달리 행복한 삶을 살고 있기도 했다.

하지만 그의 눈에 세상은 그렇게 비치었다. 나는 그가 묘사하는 상황을 애써 부정하지 않고, 세상에 대한 그의 주관적 판단으로 받아들이면서 그와 나 모두를 만족시킬 수 있었다. 만약 '말도 안 되는 소리야!'라고 말했다면 그가 어떻게 생각했을까.

그렇다고 내가 다중우주 이론을 지지한다는 것은 아니다. 그런 세상이라면 언제라도 모든 것이 일부 또는 전부 지금과 다른 상태로 바뀔 수 있을 것이다. 하지만 그것은 〈스파이더맨〉 영화에 등장하는 소재일 뿐이고, 그것으로 충분하다.

당연히 우리는 모두 같은 세계에서 살고 있다. 그렇지만 이 세상에서 보이는 색채와 들리는 소리는 각자 다르다. 자신의 눈과 귀로 세상을 느끼는 그 순간만큼은 이것들이 진실이라 할 수 있다. 특히 '지금 내가 보는 세상은 이런 모습이야'라는 의미에서 그것은 개인의 서사로 매우 중요하다.

비트겐슈타인은 엄밀히 말해 실증주의의 옹호자가 아니었다. 그에게도 스위치 누르듯 간단히 '행복' 쪽으로 갈아타는 일은 불가능했다. 삶의 관점이란 연속선상에서 어느 끝단에 서 있는지에 따라 중대한 차이가 나타난다는 인식은, 의도적으로 특정 관점을 취하기가 쉽지 않기에 더욱더 중요하다.

그럼에도 불구하고 비트겐슈타인은 명료한 진술을 사랑하는 철학자였다. 그에게서 다음과 같은 문장들이 전해진다. "말할 수 있는 것은 분명하게 말해야 한다." "말할 수 없는 것에 관해서는 침묵해야 한다." "내 언어의 한계는 내 세계의 한계이다." 다시 말해 내가 언어로 표현할 수 없는 것에 관해서는 사고 행위도 불가능해진다. 즉 그것에 관해 성찰하거나 의식적으로 인지하기가 힘들다는 것이다.

누구든지 지금 자기에게 주어진 것으로 뭔가를 하고, 지금 서

루트비히 비트겐슈타인

있는 곳에서 시작할 수밖에 없다. 누군가에게는 나침반 바늘을 '행복' 쪽으로 맞추는 일이 훨씬 힘들 수 있다. 남들보다 빨리 바늘이 원래 자리로 돌아가기 때문이다. 비트겐슈타인은 이들의 노력이 결코 헛되지 않음을 분명히 말한다.

만약 당신이 쉽게 행복을 찾은 사람이라면, 타인의 불행을 헤아리지 않고 비웃는 대신 그저 자신이 누리는 행복에 감사하도록 하자.

· 이 문장에서 깨달은 것 ·

동기 부여, 공감, 자기 공감

일상의 무게를 덜어주는 철학

3

"자유란 필연성에 관한 통찰이다."

프리드리히 엥겔스

Friedrich Engels

1820~1895

＊

독일의 사회주의 철학자이자 경제학자.
마르크스주의의 창시자 중 한 사람이다.

*   '자유'야말로 철학자들이 오래전부터 골머리를 앓아온 주제 중 하나다. 우리 일상에서도 마찬가지다. 예컨대 먹고살려면 돈이 필요하고, 돈을 벌려면 일을 해야 한다. 이런 필연적인 사정을 깨닫는 것을 진정한 '자유'라 말할 수 있을까?

글을 한 편 써서 보내기로 약속했다. 글이 잘 써지지 않아 괴로워하면서도 포기하지 않고 끝까지 버텨 글을 완성했을 때, 그것은 자유일까? 하던 일을 멈추고 딴짓을 하는 것이 더 자유로운 행동이 아닐까? 아니면 자식이나 주택 대출금 때문에 억지로 함께 사는 부부가 얼마나 많은가? 이런 경우에 느끼는 '필연성'을 인정하는 것이 정말 자유일까?

먼저 앞선 인용문의 출처에 대해 잠시 설명해야 할 것 같다. 카를 마르크스의 친구였던 프리드리히 엥겔스는 자신이 쓴 《반反뒤링론》에서 해당 문구를 철학자 게오르크 빌헬름 프리드리히 헤겔 *G. W. F. Hegel*의 것으로 언급하고 있다. 하지만 정작 헤겔은 이런 말을 한 적이 없다. 헤겔은 "외부의 필연성"과 "내면의 필연성"을 구분하면서 "완전히 즉자적"이고 다른 것에 의존하지 않는 "절대적 필연성"이란 개념에 도달한다. 그리고 이미 이 절대적 필연성이 확립되어 있기에 그것은 "자기 자신을 찾는" 과정을 나타내고 이 과정은 다시금 "자유"를 의미한다.

아, 그렇군. 헤겔의 글이 난해하다는 세간의 평가는 결코 틀린 말이 아니다. "절대적 필연성"이 우리 안에 있어 이를 따르는 것은 불가피한 동시에 ─ 제약에서 벗어난다는 의미까지 함축해 ─ 자유로운 일이라고 말할 수 있다. 여기까지는 좋다. 헤겔의 원문에 '통찰'이란 말은 없다. 하지만 철학적인 글에서 그 정도는 얼마든지 암시된 내용이라 이해하고 넘어갈 수 있다. 엥겔스는 헤겔이 자유와 필연성의 관계를 "올바르게 기술한" 최초의 인물이라고 말한다. 헤겔은 자유를 필연성에 대한 통찰이라고 보았다는 것이다.

하지만 앞서 보았듯이 헤겔은 그런 말을 한 적이 없다. 그럼에도 엥겔스는 이런 생각에 근거해 자신의 주장을 펼친다. 이 사안에 대한 헤겔의 입장을 들을 수 없는 관계로 일단 그 생각을 엥겔스의 것으로 추정해보자. 이어 자유는 우리가 상상하듯 자연법칙에서 벗어난 상태가 아니라 그 사실을 인정하는 데에 있다고 엥겔스는 말한다. 바로 거기서 우리의 목적을 위해 자유를 활용할 가능성이 열린다는 것이다.

물론 여기서 엥겔스는 겉만 번지르르한 소셜 미디어용 명언 같은 말을 떠들고 있는 것이 아니다. 오히려 이렇게 말하고 있다. 우리는 어쩔 수 없이 자연법칙을 존중해야 한다. 다른 가능성을 바라는 것은 무의미한데, 그것은 비생산적이기 때문이다. 내가 어떤 세계에 살고 여기서 무엇이 가능한지를 명확히 이해하고 받아들일 때 행위의 자유도 생겨난다. 그럴 때 비로소 나는 그 자유를 쟁취하기 위해 노력할 수 있다.

엥겔스의 문장은 원래 의도와 달리 논쟁하는 상대방의 말문

프리드리히 엥겔스

을 막으려는 목적으로 사용되고는 한다. 가령 독일 연방보건부 장관인 카를 라우터바흐*Karl Lauterbach*는 코로나19 백신의 의무 접종을 홍보하는 과정에서 그것이 필수이기에 자발적인 것으로 보아야 한다는 식의 억지 주장을 하기도 했다.

또 앙겔라 메르켈*Angela Merkel* 전 독일 총리는 이 문장을 "선택의 여지가 없는" 것이라 명명하며 정치적으로 정당화하는 데에도 즐겨 사용했다. 그런데 윤리적 의무를 강조한 칸트도 이 점에 대해서는 비슷한 입장이다. 칸트는 "나는 할 수 있다. 내가 해야 하는 것을 원하기 때문이다"라고 말했다고 전해진다. (이 역시 칸트의 말이 아니거나 적어도 대폭 축약된 인용구이지만, 내용상으로는 칸트의 세계관에 부합한다.)

여기서 '할 수 있다'는 물론 기술적 능력을 말하는 것이 아니다. 해야 한다는 이유만으로 그럴 능력이 없는 내가 갑자기 수술을 집도하거나 화학 연구를 할 수는 없는 노릇이다. 칸트의 말은 이런 뜻이다. 어차피 해야 하는 일을 (자발적으로) 하고자 하기에 나는 해야 할 일을 해낸다.

내가 보기에 이런 태도는 너무 순종적이다. 우리가 '해야만' 할 일을 남들이 정해주는 경우가 허다한 시대에 살고 있기에 더더욱 그렇다. 나는 현명한 거절이나 포기 속에서도 위대한 강인함, 이성, 자유를 찾을 수 있다고 생각한다. 반대로 우리가 간절히 원하면서도 정작 별 노력을 기울이지 않는 것도 많다(돈, 인간관계, 건강 등).

그 이유야 여러 가지일 것이다.

물론 이런 경우 180도 생각을 뒤집어 이렇게 주장할 수도 있다. '당신은 그만둘 수밖에 없었다. 왜냐하면 그만둬야만 했고, 그래서 그러기를 원했기 때문이다.' 또는 '당신은 그것을 절실히 원하지 않았다. 해야만 했던 것이 아니었다. 그래서 하지 않았던 것이다'. 이쯤 되면 머리가 어질어질해질 지경이다. 물론 칸트도 헤겔도 엥겔스도 자신의 말을 모든 상황에 두루 적용되는 '어서 해!' 식의 요구로 의도한 것은 아니었을 것이다.

이제 자유를 필연성에 대한 통찰로 본 엥겔스의 입장에 관한 내 생각을 밝힐 차례가 된 것 같다. 나는 이것을 '불쾌한 상황도 감수하라'는 식의 주제넘은 위안으로 해석하지 않는다. 그보다는 거기서 당신이 삶으로부터 무엇을 만들어가느냐에 따라 당신 인생의 모습이 정해진다는 목소리를 듣는다. 물론 어떻게 해도 바꿀 수 없는 울타리가 존재하는 것도 사실이다. 하지만 정해진 경계 안에서도 무수히 많은 것이 가능하다. 헛된 불평에 정신을 팔지 말고 당신에게 주어진 기회를 붙잡아라.

· 이 문장에서 깨달은 것 ·

출발점(지금 서 있는 곳에서 출발하라),
동기 부여(바뀔 수 있는 것은 뭐든 바꿀 수 있다),
자기 에너지 아끼기(실현 불가능한 공상에 매달리지 않는다)

프리드리히 엥겔스

4

"삶을 두려워 말라.
살 만한 가치가 있음을 믿어라.
믿음은 그것이
현실이 되도록 도울 것이다."

윌리엄 제임스
William James
1842~1910

✳

미국의 실용주의 철학자이자 심리학자.
19세기 후반 미국을 대표하는 사상가로 일컫는다.

＊　　　편집자로 일하던 동료가 회사를 그만두고 식당을 열었다. 실패의 위험에도 불구하고 다행히 장사가 잘되었다. 나는 놀라 입을 다물 수 없었다. 약간은 질투심이 나기도 했다. 물론 식당이 잘되어서가 아니라 그녀의 용기와 낙천주의가 부러웠던 것이다.

올바른 결정이란 무엇인가? 위험과 기회라는 두 가지 가능성 사이에서 어떻게 해야 현명한 저울질이 가능할까? 물론 정답은 없다. 그것은 개인마다 또 상황마다 다르기 때문이다. 하지만 내 경험에 비추어보면 생각보다 일이 잘 풀리는 경우가 훨씬 더 많았다.

앞서 소개한 문장은 철학자 윌리엄 제임스의 동생인 소설가 헨리 제임스가 말한 것으로 잘못 전해지기도 한다. 윌리엄 제임스로 말하자면 미국에서 심리학을 학문으로 정착시킨 장본인으로 '실용주의'라는 철학 사조를 대표하는 인물이기도 하다.

일상적으로 합리적이고 납득이 가는 행동에 대해 '실용적'이라는 말을 사용한다. 이는 여러 선택지 사이에서 너무 오래 고민하지 않고 합리적인 방향으로 행동에 나선다는 의미다.

철학으로서의 실용주의도 비슷한 내용을 담고 있다. 어떤 사상이 의미가 있는지는 그것의 실용적 효용성, 즉 그로부터 발생하는 결과에 좌우된다는 것이 실용주의 철학의 기본 전제다. 이런 이유로 실용주의(실리주의와 혼동하지 말자) 철학자들은 불변의 원칙을 거부한다. 이 점에서 실용주의는 공리주의에 가깝다. 중요한 것은 어떤 결과를 가져오느냐이다.

윌리엄 제임스

1895년 윌리엄 제임스는 매사추세츠주 플리머스에서 졸업 반 학생들을 상대로 두 차례 연설을 했다. 2005년 어느 대학 졸업식 축사에서 "늘 갈망하라. 늘 우직하라"라는 말을 남긴 스티브 잡스*Steve Jobs*, 그리고 2013년 또 다른 졸업식에서 "실패란 삶이 우리를 다른 쪽으로 이끌고 싶어 한다는 의미일 뿐이다"라고 말했던 토크쇼의 메가 스타 오프라 윈프리 *Oprah Winfrey*처럼 말이다.

윌리엄 제임스는 청년들에게 권한다. "삶을 두려워 말라. 삶이 살 만한 가치가 있음을 믿어라. 당신의 믿음은 그것이 현실이 되도록 도울 것이다." 그의 생각은 나중에 《삶은 살 만한 가치가 있는 걸까》라는 에세이를 통해 활자화되었다. 이런 윌리엄 제임스의 태도는 신의 존재에 관한 파스칼*Pascal*의 내기를 떠올리게 한다. 다만 파스칼의 경우 개인의 이해득실을 따지는 동기가 논증의 중심에 있었던 반면, 윌리엄 제임스는 마음에서 우러나와 믿는 편이 훨씬 낫다고 여겼다. 이는 신에 대한 믿음뿐 아니라 삶이 살 만한 가치가 있다는 믿음에 대해서도 마찬가지다.

그의 주장은 자기실현적 예언과 흡사한 면이 있다. 남들을 친절하게 대하면 대개 남들도 친절하게 맞아준다. 교사에게 그가 새로 맡은 반이 유달리 재능 있는 학생들로 넘친다고 말해주면 그 반은 실제로 가장 우수한 학급이 된다(피그말리온 효과). 의학계에서도 가짜 약인 플라세보를 처방받은 환자들이 그것을 진짜 약으로 믿을 경우 치료에 효과가 있다는 사실이 널리 알려져 있다. 이로 인해 인체의 자가 치유력이 자극받기 때문이다.

물론 부정적 사례도 있다. 화장지와 밀가루가 부족해질 것이라 믿는 이들이 많아지면 사재기가 발생하면서 실제로도 부족 현상이 발생한다. 또 시험에 떨어지리라고 믿을수록 긴장하게 되고 실패할 확률도 높아진다.

윌리엄 제임스의 태도는 신에 대한 신뢰 또는 세계에 대한 근본적 신뢰인 동시에 실용주의적이고 실리적인 방향으로 원칙적 결정을 내린 것이라고도 볼 수 있다. 세상이 자신에게 우호적이지 않다고 느끼며, 불안해하는 사람은 인생을 낙관하는 이들보다 불만족스러운 삶을 살게 마련이다.

누구나 실패를 겪는다. 어떠한 세계관도, 윌리엄 제임스조차도 그 사실에 대해서는 어쩔 도리가 없다. 그렇다면 왜 거기에 매달려 시간을 허비하는가? 그보다는 삶에 대한 두려움을 떨치는 편이 훨씬 유익하다. 그래야 성공할 확률도 높아진다. 윌리엄 제임스의 이런 주장에 대해서는 두 가지 오해 혹은 반론이 있을 수 있다.

첫째, 그가 제시하는 것은 최근 소셜 미디어에 널리 퍼져 있는 이른바 '해로운 긍정주의'가 아니다. 만사가 늘 완벽해야 한다는 확신 속에서 흔들리고 좌절하는 경험을 외면한다면 행복감을 느낄 수 없다. 오히려 우울감이 늘어갈 것이다.

둘째, 우리가 미래에 관해 갖는 낙관적 태도는 삶의 시기별로 그 정도가 변할 수 있다. 그러니 이 점을 기억하자. 걱정한다고 해서

윌리엄 제임스

일어날 일이 일어나지 않는 것은 아니다. 우리는 최대한 두려움 없이 자기 삶에 신뢰를 품고 사는 법을 배울 수 있고, 얼마든지 이를 위해 노력할 수 있다는 사실을 기억하라. 다만 저명한 철학자가 그렇게 말했다고 해서 실제 두려움을 느끼는데도 그것을 애써 모르는 척하기는 어려울 것이다.

적어도 나는 이 책에서 윌리엄 제임스의 조언을 여러분에게 삶의 좌우명으로 들려주고 싶은 욕구가 있다. 하지만 그것은 주제 넘은 짓이고 별 효과를 발휘하지 못할 것이다.

그보다 더 힘들기에 썩 끌리지는 않지만 훨씬 더 유익한 길이 있다. 그의 말을 자신에게 적용하는 것이다. 나는 지금 얼마나 많은 걱정과 절망 속에 살고 있는가? 그럴 만한 충분한 근거가 있는가? 나 자신을 속이지 않으면서도 희망을 좀 더 품을 수는 없을까? 이제 그렇게 나를 변화시키도록 노력할 것이다. 함께하지 않겠는가?

· 이 문장에서 깨달은 것 ·
희망, 낙천주의, 용기

5

"우리는 가능한 모든 세계 중
최선의 세계에 살고 있다."

고트프리트 빌헬름 라이프니츠

Gottfried Wilhelm Leibniz

1646~1716

✳

독일의 철학자이자 수학자, 역사학자.
독일 계몽철학의 서장을 열었으며 객관적 관념론의 입장에 섰다.

* 　　도무지 되는 일이 없다. 달리는 자전거에서 체인이 빠지고, 여자친구는 이별을 통고하고, 내 주머니는 텅텅 비어 있다. 전 세계적으로는 매일 1만 명의 어린이들이 굶주림으로 죽어간다. (진짜다. 내가 찾아본 '유니세프' 통계에 따르면 매일 1만 명에 달하는 5세 미만 아동들이 충분히 예방 가능한 원인으로 사망한다.) 그런데도 "모든 가능한 세상 중 최선"이라고?

　　독일의 철학자이자 수학자, 역사학자, 한마디로 만능 박사인 고트프리트 빌헬름 라이프니츠는 《신정론》에서 이렇게 말했다. 이유가 무엇일까? 신이 세상을 창조했기 때문이다! 그렇다면 신은 그저 그런 평범한 세상을 만들었을 리 없다. 완전무결한 신은 가능한 모든 세계 중 최고의 세계를 만들 수밖에 없다.

　　이후 볼테르는 소설 《캉디드 또는 낙관주의》에서 그 같은 주장에 회의를 표했다. 주인공 캉디드는 전쟁, 자연재해, 인간적 불행, 정치적 문제 등 세상의 온갖 끔찍한 일을 몸소 겪는다. 그러면서 세상이 최상의 질서로 짜여 있기에 선한 의도를 갖고 대처하면 문제없다는 애초의 생각은 점점 진한 회의감으로 바뀌어간다.

　　오늘날 라이프니츠의 태도는 '해로운 긍정 *toxic positivity*'이라는 이름으로 비판받을 소지가 크다. 1990년대 후반 미국의 심리학자 마틴 셀리그먼 *Martin Seligman*은 밝고 긍정적인 경험을 강조하는 '긍정심리학'을 창시했다. 하지만 문제는 그 경계가 어디인가 하는 것이다.

예를 들어 어떤 나쁜 일에도 좋은 점이 있어야 한다고 강요될 때, 그런 긍정은 '해로운' 것이 된다. 물론 좋은 면이 있을 수도 있겠지만 반드시 그래야 하는 것은 아니다. 또는 당장 곤경에 처한 사람에게 '네가 어떤 처지에 있는지 잘 알지만 일이 잘 풀릴 거야!'라고 말하는 것도 마찬가지다. '관심을 딴 데로 돌려봐', '마음만 제대로 먹으면 뭐든 할 수 있어' 같은 말도 듣는 이의 신경을 거스르게 한다. 이는 남자아이들이 호감의 표시로 여자아이들의 머리채를 잡아당기는 경우와 비슷하다. 또 그가 당신을 때리는 이유는 당신을 너무나 사랑하기 때문이라고 말하는 것과 매한가지다.

이쯤 되면 눈치챘을 것이다. 누가 뭐라 해도 그 자체로 안 좋은 일이 있기 마련이다. 그런 일이 벌어지지 않는 세상이 현실에 존재하는지는 모르겠다. 아니면 내가 신이라도 된다는 말인가? 우리가 사는 세상의 모든 것이 최적이라고 생각하는 것은 불가능하다. 라이프니츠가 말한 것도 그런 뜻은 아니었다. 그는 다만 '더 좋을 수는 없다'고 말했을 뿐이다.

그런데 정말 그럴까? 히틀러 암살이 성공해서 유대인 대학살이 벌어지지 않았다면 어떨까? 그런 세상을 상상해볼 수는 없을까? 그것은 더 나은 세상이 아닌가? 나의 문제는 내가 신을 믿지 않는다는 사실이다. 이 세상이 누군가로부터 최적의 방식으로 만들어졌다는 것을 믿을 수가 없다.

나는 세계가 진화 과정을 거쳐 지금의 모습이 되었다고 확신

고트프리트 빌헬름 라이프니츠

037

한다. 어떤 것이 다른 것보다 우수할 때, 이는 진화적 측면에서 충분한 장점이 있다. 아니면 어떤 방울새 부리가 특정 식물 씨앗 모양과 맞아떨어질 때처럼 우연히 어떤 요구 사항과 일치하는 경우도 그렇다. 머릿속에서 신을 지운다면, 이것이 가능한 모든 세계 중 최선의 세계라고 믿을 이유도 사라진다.

그렇다면 이 책에서는 왜 라이프니츠의 문장을 소개했을까? 내가 보기에 라이프니츠의 '통찰'은 잘못된 판단에 따른 것이지만, 그럼에도 불구하고 우리가 이 세상과 함께, 이 세상 속에서 살아가야 한다는 것 말고는 다른 대안이 없기 때문이다. 이 세계는 우리에게 주어진 최고의 세상이다. 우리는 이 세계에서 각자에게 최선의 삶을 꾸려나가야 한다. 이 말은 결국 라이프니츠의 생각과도 일맥상통한다.

물론 명백히 오류로 가득 차 있기는 하지만 멋진 세상이기도 하다. 무지개가 뜨고 풍뎅이들이 날아다니는 이곳에서 우리는 살아가도록 허락받았다. 많은 사람이 이에 기쁨을 느끼며 대부분의 시간을 살아간다. 이런 점에서 우리는 이 세계를 가장 좋은 '가능한' 세상으로 보아도 좋을 것이다. 다른 세계는 존재하지 않는다는 의미에서 말이다. 무언가 달라지기를 바랄 수 있지만 그렇다고 달라질 건 없다. (실제로 개선될 만한 것이 있다면 라이프니츠도 거기에 반대하지 않았을 것이다. 그는 이렇게 생각했을지 모른다. 신은 이처럼 우리가 이곳에서 열심히 살아갈 수 있도록 세상을 절묘하게 만들었다. 하지만 결국 마찬가지 결론이다.)

　라이프니츠의 이름을 따서 최선을 다해 제조한 버터 쿠키조
차 조물주 자신의 작품이 아니다. 하노버에 본거지를 둔 과자 회
사 '발센'은 하노버에서 세상을 떠난 라이프니츠의 이름을 따서
1891년 자사의 쿠키 이름을 지었다. 라이프니츠는 생전에 영양가
높고 장기간 보관 가능한 두 번 구운 빵(츠비박 _Zwieback_)을 병사들의
행군 장비에 넣어줄 것을 군대에 제안한 적이 있었다.

　그런데 솔직히 말해보자. 가능한 모든 세계 중 최선의 세계에
서 전쟁 따위란 없을뿐더러, 군 식량이 필요하다면 츠비박보다는
라이프니츠 버터 쿠키를 제공하는 편이 훨씬 낫지 않을까.

· 이 문장에서 깨달은 것 ·

현실주의, 낙관주의, 받아들임

고트프리트 빌헬름 라이프니츠

6

"어떤 생각을 하느냐에 따라
삶의 행복이 결정된다."

마르쿠스 아우렐리우스
Marcus Aurelius
121~180

✳

로마제국의 제16대 황제로 5현제의 마지막 황제이며,
후기 스토아학파의 철학자로《명상록》을 남겼다.

✳   작년에 한동안 몸이 아팠다. 그러면서 평소보다 부쩍 걱정이 늘었다. 다시 건강해질 수 있을까? 아내가 나를 떠나지는 않을까? 다시 일할 수 있을까? 이러다 곧 죽게 되지는 않을까? 근거 없는 망상들이 불쑥불쑥 튀어나왔다. 비록 아프기는 했지만 그렇다고 죽을병에 걸린 것은 아니었다. 의사도 곧 회복될 것이라고 말했고, 얼마 후 정말로 그렇게 됐다. 기분이 최악일 때면 부정적인 생각들을 차단할 기력조차 없었다. 그야말로 딱한 상황이었다. 몸이 안 좋아 예전보다 부정적인 상상이 잦아진데다 거기에 저항하는 일마저 더 힘들게 된 것이다.

어쨌거나 내 기분과 삶의 만족도도 그 영향을 받지 않을 수 없었다. 걱정이 늘면 수면 장애에 시달리고 결국 복통까지 앓을 수 있다. 심리적 증세가 신체적 반응으로 이어지는 심신 질환인 셈인데, 미래에 대한 암울한 생각이 신체적 문제를 유발하는 것이다.

그렇다면 부정적인 생각을 모조리 머릿속에서 몰아내야 한다는 말일까? 우울증 환자들에게 흔히 해주는 조언처럼 말이다. "좋은 쪽으로 생각하세요. 그럼 분명 상태가 호전될 거예요!" 물론 아니다. 다음과 같은 점을 기억하자. 첫째, 걱정하거나 의심하는 것이 지극히 당연할 때도 있다. 둘째, 우리가 생각을 통제하는 힘은 흔히들 믿는 것만큼 세지 않다. 셋째, 의심과 비관주의를 긍정적으로 바라볼 수도 있다. 가령 법률가의 경우, 그렇게 해서 더 많은 문제를 먼저 예상할수록 직업 수행에 유리하다.

마르쿠스 아우렐리우스

로마 황제였던 마르쿠스 아우렐리우스는 스토아철학의 신봉자였다. 오늘날 스토아철학이 다시 유행하는 데에는 그것이 '눈을 질끈 감고 어려움을 헤쳐가라', '각자가 자기 행복의 주인이다' 같은 의미로 읽히는 점도 중요한 역할을 한다. 신자유주의 세계에서 잘 통할 만한 메시지다.

하지만 본래 스토아 철학자들은 자기중심적 사고를 하지 않았다. 이들의 최대 관심사는 우리가 무엇을 바꿀 수 있고 무엇을 바꿀 수 없는지에 관한 것이었다. 또 어떻게 하면 이미 벌어진 일을 받아들이면서 마음의 평화를 유지할지를 고민했다.

우리가 상대하기 가장 어려운 것은 자기 생각과 내면의 목소리다. 언제 돌변할지 모르며 뜻대로 통제하기도 쉽지 않기 때문이다. 그럼에도 우리가 세상을 바라보는 관점에 따라 그것들은 영향을 받기도 한다. 일이 잘 풀리고 건강할 때면 뭐든 할 수 있을 것 같다가도 몸이 안 좋으면 비관적인 생각에 빠지기 쉽다.

무엇을 어떻게 생각하는지는 그것에 대한 만족감은 물론 삶에도 영향을 미친다. 거꾸로 삶이 생각에 영향을 주기도 한다. 자신이 무슨 생각을 하는지 의식적으로 알아채고 관찰하고 비판적으로 캐물을 수 있다. 예컨대 자신이 곧 죽을 것을 확신할 수 있는가? 아니면 나처럼 그저 불안감에서 비롯된 하소연은 아닌가? 그렇다고 그런 생각이 단숨에 사라지기는 힘들고, 현재의 불안이 덜 현실적으로 느껴지는 것은 아니다. 하지만 결국 서서히 사라질 것이다.

부정적 사고의 소용돌이를 유발하는 요인을 피하려고 노력하는 일도 중요하다. 거기에는 업무 과다, 스트레스, 심리적 과부하, 집단 따돌림, 해로운 우정, 미디어 과의존, 알코올 등 다양한 요인이 있을 수 있다. 이를 위해 긍정적 사고를 용이하게 해주는 장소나 취미처럼 나만의 쉼터를 만드는 것도 좋은 방법이다.

신경학자들이 인간의 뇌를 스캔한 결과, 사람들이 많이 다녀 저절로 생긴 길 같은 것이 존재한다는 사실이 밝혀졌다. 이를테면 같은 생각을 반복할수록 그 생각을 떠올리기도 쉬워진다. 이웃집 개 짖는 소리에 줄곧 화를 냈다면 휴가지에 가서도 시끄러운 소리만 들리면 그 성가신 개가 떠오를 것이다. 자녀의 안전에 늘 전전긍긍하는 사람은 전화벨 소리만 들려도 소스라치듯 놀란다.

이 같은 사고 습관을 바꾸는 방법에는 여러 가지가 있다. 잘 알려진 것으로는 심리치료와 명상이 있는데, 그 효과는 과학적으로도 입증되고 있다. 예컨대 우리는 행복감을 높여주는 생각을 의식적으로 떠올리고 자주 그런 사고를 하려고 노력해야 한다. 이를 통해 비관주의에서 벗어나는 길을 발견할 수 있을 것이다.

기억할 것은 이것이 맹목적인 긍정심리학이나 위기는 곧 기회라는 식의 태도를 말하는 것은 아니라는 점이다. 누가 뭐래도 낭패는 낭패인 것이다.

아우렐리우스의 말은 일상을 살면서 지나치게 조심하고 의심함으로써 기분을 망치지 말라는 의미이기도 하다. 인간은 그런 쪽

마르쿠스 아우렐리우스

에 소질이 있다. 진화생물학적으로 볼 때는 행복감보다 두려움과 부정적 생각을 더 중요시하는 것이 생존에 더 효과적이다. 의심은 우리 감각을 일깨우고, 그 덕분에 인류는 신생대에 살았던 검치호 랑이에게 잡아먹힐 위험도 적어졌다.

그런데 의심은 곧 스트레스를 뜻한다. 더욱이 30대에 사망할 확률이 희박한데다, 주위에 어슬렁거리는 호랑이를 보기 힘든 세상 에 사는 현대인으로서는 행복을 가져다주는 생각을 하려고 노력하 는 편이 더 낫지 않을까.

· 이 문장에서 깨달은 것 ·

낙천적 태도를 가질 자유,
자기 생각에 관해 내면의 거리 두기, 생각의 통제

일상의 무게를 덜어주는 철학

7

"먼저 무엇이 되고자 하는지
자신에게 말하라.
그리고 해야 할 일을 하라."

에픽테토스
Epiktētos
55~135?

✳

고대 그리스 스토아학파의 대표 철학자. 의지의 철학으로서
실천적인 면을 강조하며, 자유로울 수 있는 최대의 것으로 신을 생각했다.

※　　　아이냐 일이냐? 이사를 하느냐 마느냐? 어느 분야에서 직업 훈련을 받고 어떤 일을 하며 살아야 할까? 새로운 곳으로 휴가를 갈까, 익숙한 곳에 다시 갈까? 나는 무엇이 되고자 하며, 어떤 사람이 되고 싶은가? 많은 이에게 직업 선택은 결혼이나 자식을 낳는 것만큼이나 중요한 삶의 결정이다. 그런데 우리 예상과는 달리 이와 같은 서너 가지의 중요한 결정이 아닌 수천 가지의 작은 결정으로 이루어지는 것이 인생이다.

가령 부모님이나 선생님의 조언에 따라 특정 직업을 선택했을 때의 결과는 좋을 수도 있고 나쁠 수도 있다. 일이 뜻대로 풀리지 않는다면 차근차근 틈새시장을 모색하거나 아예 다른 길을 찾는 방법도 있다.

연인 관계도 마찬가지다. 야단법석을 떨어가며 상대를 정했지만 시간이 지나면서 관계가 삐걱거린다. 그러면 바람을 피우거나 잠수를 타거나 별거를 하는 등의 방법으로 그 문제에 대응한다. 큰 결정의 결과는 과대평가되는 반면 작은 행위의 결과는 과소평가되는 경향이 있다.

이는 서기 100년경 고대 로마제국에 살았던 철학자 에픽테토스의 생각에도 잘 반영되어 있다. 그는 《담화록》에서 이렇게 말했다. "먼저 무엇이 되고자 하는지 자신에게 말하라. 그리고 해야 할 일을 하라." 이 문장은 여러 상황에서 압축되고 구체화된 형태로 등장한다. 가령 나는 '작가가 되고 싶으면 글을 써라!' 같은 말을 자주 들었다. 이것은 해당 분야에서 요구되는 자질과 관련이 있다. 예술 분야에서 이런 능력은 꾸준한 연습을 통해 혼자 힘으로 습득하는 것이 보통이다. 반면 '외과 의사가 되고 싶으면 수술을 해라!'라는 말은 끔찍하게 들린다.

이제 막 성인이 된 젊은이들의 문제는 그들이 무엇이 되고, 어떤 사람이 되어야 할지 잘 모른다는 점이다. 그래서 목표를 정하고 이를 위해 무엇을 해야 할지 결론을 내리기 힘들어한다. 에픽테토스의 문장은 신경과학에서도 입증된 상식에 가까운 이야기다. 즉 어떤 일을 자주 반복하면 할수록 그만큼 점점 더 쉬워지는 법이다.

하지만 이는 진실의 절반일 뿐이다. 나머지 절반의 진실은 "해야 할 일을 하라"는 문장에 있다. 이런 내용은 '작가가 되고 싶으면 글을 써라'와 같이 압축된 표현에서는 잘 드러나지 않는다. 건강, 지식 습득, 성공, 재산 축적 등 목표가 무엇이든 거기에 도달하기 위해서는 해야 할 일이 있다. 할 일은 많고 그 길은 멀기만 하다.

어떤 일을 자주 할수록 그 성공 확률도 높아진다는 말은 맞다. 글을 쓰지 않으면서 작가가 될 수는 없다. 하지만 에픽테토스는 보다 높은 차원을 염두에 두고 있는 듯하다. 미리 목표를 정해두지 않은 채 행동하는 것은 부질없음을 말하고자 한 것은 아닐까.

다시 말해 어디로 가야 할지 모른다면 어디든 자기 집처럼 느낄지는 모르지만 결코 목적지에 안착할 수 없다. 먼저 무엇을 추구하는지 정해야 비로소 길을 떠날 수 있는 것이다. 그런 다음에야 우

에픽테토스

리를 목표로 이끌어줄 일을 할 기회도 주어진다. 그런 일을 하지 않고서는 앞으로 나아갈 수도 없을 것이다.

가령 한 쌍의 젊은이가 있다고 하자. 공동의 목표를 모를 때 두 사람은 난처한 상황에 부닥친다. 이런 경우 어디로 가야 할지 정하거나 서로 합의를 보기가 힘들어진다. 그 때문에 이다음에 뭘 해야 할지 막막해한다. 반면 자신이 작가가 되고 싶다는 것을 잘 아는 사람이라면 글을 써야 한다. 작가가 자신의 글을 세상에 선보이는 방법에는 여러 가지가 있다. 하지만 글을 쓰지 않고는 어떤 것도 할 수 없다.

어째서 우리에게는 이 마지막 단계가 그토록 어려울까? 목표에 도달하기 위해 우리가 해야 할 일을 하는 것은 왜 힘들까? 아마도 그다음에 찾아올 실패의 가능성 때문이 아닐까. 정확히 목표가 무엇인지, 더 나은 목표는 없는지, 예기치 않은 상황이 닥쳤을 때 어떻게 대처할지 등에 관해 토론을 벌이는 동안은 엄폐물 뒤에 안전하게 몸을 숨길 수 있다.

글을 쓰고, 그림을 그리고, 노래하고, 환자를 수술하고, 미래를 함께하고 싶다고 고백할 때 우리는 비판받고 실패를 겪을 위험에 노출된다. 무언가를 하면서 남들 앞에 나서는 순간 위험해진다.

내 경우, 예전부터 이런 말을 하고는 했다. "저널리스트로서 별 성과를 내지 못한다면 컵케이크 가게를 열겠어." 직접 첫 컵케이크를 만들 때까지는 그랬다. 그 일은 생각보다 재미가 없을뿐더러 맛도 형편없었다. 물론 열심히 배우면 될 테고, 점점 재미를 붙일지 또 누가 알겠는가. 하지만 그때까지 탈출구라 꿈꾸며 위안으로 삼아왔던 일은 이제 실현될 가능성이 현저히 낮아졌다.

에픽테토스의 문장은 우리에게 두 가지 점에서 도움이 될 수 있다. 첫째, 뭔가 하고 싶다는 것을 안다면, 여기에 필요한 일을 할 타당한 이유가 생긴다. 필요한 것을 배우거나 연인과 헤어지거나 돈을 벌거나 글을 쓰는 등 뭐가 됐든 말이다. 둘째, 스스로 무엇을 원하는지 모를 때는 자신에게 귀 기울이는 태도를 지니는 것이 좋다. 목표가 정해지지 않는 한 여행도 시작될 수 없기 때문이다. 이렇게 해서 우리는 책임을 회피하려는 자기 모습을 보다 쉽게 깨닫게 되고, 동시에 무작정 뭔가를 해야만 한다는 압박감에서 벗어날 수 있다.

· 이 문장에서 깨달은 것 ·

행동의 동기 부여, 자신을 내보이는 용기, 자기 공감, 끈기

에픽테토스

8

"우리는 신이 있다는 쪽에
내기를 걸어야 한다."

블레즈 파스칼
Blaise Pascal
1623~1662

✳

프랑스의 심리학자, 수학자, 과학자, 신학자, 작가, 철학자.
과학자나 수학자로 알려졌지만, 사실 철학과 신학에 더 많은 시간을 투자했다.

*   친구의 딸이 미국인 청년과 사랑에 빠졌다. 그런데 그가 멀리 떨어져 있는 탓에 딸의 마음고생이 이만저만이 아니었다. 어떻게 할까? 인턴십, 집, 직장 같은 문제에 관해 결정을 내려야 한다. 그녀는―또 그 부모도―머릿속에서 가능한 미래의 온갖 모습을 상상하고 지우기를 반복한다. 그녀는 어떤 선택을 해야 할까? 어떤 길을 가야 할까?

우리는 살면서 자주 이런 질문과 맞닥뜨린다. 꿈의 직장이나 사랑하는 이를 위해 이사를 해야 할까? 프로젝트 A와 B 가운데 무엇을 선택할까? 출산이냐 커리어냐? (솔직히 육아와 직업을 병행하도록 해준다는 정치인들의 약속은 허풍이다.)

대체로 우리는 사과와 배뿐 아니라 사과와 버진 울, 끈 샌들, 심지어 안락함을 서로 비교한다. 후자의 경우 '비교'란 말은 부적절할지 모른다. 전혀 다른 대상을 서로 저울질하기 때문이다. 그렇게 하면, 앞으로 일어나리라 상상하던 결과들이 현실에서는 나타나지 않는 경우가 많다. 그럼 어떻게 해야 하는가?

리스크 관리에서 리스크를 평가할 때는 두 가지 점을 고려한다. 특정 문제가 발생할 확률은 어느 정도인가? 또 그것은 얼마나 심각한가? 구체적인 예를 들어보자. 인공호흡기 호스에 틈이 생길 가능성은 희박하지만 실제 그런 일이 일어난다면 환자는 생명을 잃는다. 예방 가능한 사망 사고는 병원에서 절대 일어나서는 안 된다. 그러므로 호스에 문제가 없도록 만전을 기해야 한다.

블레즈 파스칼

반대의 경우를 생각해보자. '단 한 명'의 의사가 손을 꼼꼼히 씻지 않는다면 그것이 초래할 부정적 결과는 대부분 제한적이다. 하지만 매일매일 손을 씻고 소독을 해야 하는 수많은 의사가 이런 일을 소홀히 한다면 불필요한 감염이 발생할 확률은 훨씬 높아질 것이다.

블레즈 파스칼도《팡세》에서 비슷한 접근 방식을 따랐다. 기존 철학자들이 신의 '존재'를 증명하고자 애썼다면 파스칼은 신에 대한 '믿음'에 찬성하는 주장을 폈다. 기독교의 신은 존재하든 존재하지 않든 둘 중 하나이기 때문이다. 절반의 임신 상태란 없는 것과 마찬가지다. 신의 존재를 증명하는 것은 불가능하지는 않지만 결코 만만치 않은 일이다. 그래서 '지식'으로서의 학문과 달리 '믿음'이라 부르는 것이다.

그런데 기독교인으로서의 삶을 사는 것은 과연 합리적일까? 그렇다면 왜일까? 파스칼이 내린 결론은 이렇다. 한 가지 가능성은 신이 존재하지 않는다는 것이다. 이 경우 기독교의 가치관에 따라 사는 사람은 아무것도 '얻지' 못하지만 '잃는' 것도 거의 없다. 물론 이런 판단은 그 같은 가치관을 지킬 때 우리에게 가해질 제약들을 파스칼이 어떻게 평가하는지에도 영향을 받는다.

또 다른 가능성은 신이 존재하지 않는데다 기독교의 가르침을 따르지도 않는 경우다. 파스칼이 보기에 이럴 때 우리는 얻을 것도 잃을 것도 없다. 물론 현대인들은 이 같은 입장을 취하면 제한

적이기는 하지만 일정한 기회를 얻을 수는 있다고 생각할지도 모른다.

세 번째는 신이 존재하고 기독교적 삶을 살지 않는 경우다. 그럼 곧장 지옥행이다. 지상의 짧은 삶에서 이득은 보잘것없고, 그 대가는—지옥에서 보내는 영원의 시간은—'무한히' 크다('무한' 곱셈이야말로 이 논증의 핵심이다).

네 번째 가능성은 신이 존재하고, 우리가 신이 만족할 만한 삶을 사는 것이다. 그러려면 지상에 머무는 동안 다소 노력이 필요하겠지만, 나중에 천국행이 보장된다(즉 계산 결과는 '무한 플러스'이다). 그래서 파스칼은 이렇게 말한다. "신의 존재를 이성으로 증명하기란 어렵다. 하지만 가장 안전한 선택은 믿는 것이다."

이런 생각은 오늘날 우리에게 어떤 도움이 될까? 어떤 선택지는 좋은 결과를 가져다줄 확률이 높지만 잘못되면 어마어마한 손해를 초래할 수 있다는 원칙은 현실에 쉽게 적용될 수 있다. 객관적으로나 주관적으로나 모두 그렇다.

객관적 차원에서는 원자력발전소를 예로 들 수 있다. 발전소가 정상 작동하고 원자력 폐기물이 제대로 저장되고 있다면 더 바랄 나위가 없다. 하지만 '만약' 체르노빌이나 후쿠시마처럼 일이 틀어지면 최악의 방사능 유출 사고로 이어질 수 있다.

우리는 이 같은 생각을 주관적 경험에도 적용할 수 있다. 예컨대 항공 여행은 안전한 이동 방법의 하나다. 하지만 '만약' 문제

블레즈 파스칼

가 생긴다면 승객 대부분이 살아남기가 힘들다. 이는 비행 공포증에 시달리는 이들이 직관적으로 펴는 주장이다. 이와 비슷한 이유로 번지점프나 마약 복용에도 반대할 수 있다. 또 자신이 좌절하거나 비판받는 상황을 못 견딘다는 것을 아는 사람은 되도록 새 프로젝트를 발표하거나 시험에 응시하는 일을 피하려고 들 것이다.

거꾸로 우리는 파스칼의 내기를 참조해 개인적 성향에 대해 성찰해볼 수 있다. 발생 확률이 매우 낮은 비행기 추락 사고를 두려워한 나머지 사고 위험이 훨씬 큰 자동차로 여행하는 것은 과연 합리적 선택일까? 실패가 두려워 커리어 발전에 지장이 생기기를 원하는가? 아니면 내가 감당할 수 있는 범위에서 어떤 가능성을 열어갈 수는 없을까? 가령 삶의 다른 영역에 튼튼하고 안정적인 발판을 마련해둠으로써 말이다.

결국 문제는 이것이다. 나는 얼마나 부정적인 결과를 두려워하고 있는가? 그럴 가능성에 '무한'을 곱해야 할까? 아니면 내가 바라는 결과와 비교해 그저 조금 더 가중치를 주는 것으로 충분할까? 이를테면 성공 가능성이 80퍼센트이지만 실패하면 크게 실망할 만한 일이 있다고 하자. 그럼 이 둘의 관계는 체감상 80 대 20이 아니라 80 대 40이 될 수 있다. 성공보다 실패를 '두 배 더 강렬하게' 받아들이기 때문이다.

우리는 사랑에 빠져 고민 중인 친구 딸에게도 이와 똑같은 식으로 조언했다. 그녀는 자기가 사는 곳으로 남자친구가 오기를 간절히 원했다. 남자친구도 그러고 싶다고 말했다. 물론 그런 말을 했다고 해서 정말로 같은 집에 살게 되었다는 뜻은 아니다. 그녀는 앞으로 몇 달 사이에 '함께하는 미래'에 맞춰서 모든 일을 결정하는 것에 큰 두려움을 느끼고 있었다. 그러다 남자친구가 갑자기 싫다고 할 수도 있기 때문이다('도망치는 신부'류의 코미디물과 유사한 경우다).

친구 딸의 생각도 틀린 것은 아니다. 그런 상황은 얼마든지 발생할 수 있다. 이런 리스크를 막는 유일한 방법은 미리 헤어지는 것뿐이다. 즉 네가 나를 떠날 수 있기에 내가 먼저 너를 떠난다는 것이다. 이는 비단 10대들에게서만 나타나는 행동이 아니다. 인생 후반기에도 여전히 끌리는 방법인데, 연인 관계뿐 아니라 직장에서도 마찬가지다.

최악의 선택지는 과연 얼마나 나쁜 것일까에 관해 깊이 생각하면서 분명해진 점이 또 있다. 즉 친구 딸은 남자친구와 함께 살기를 고대하지만, 어쩌면 큰 실망을 맛볼 수도 있다. 하지만 객관적 사안들에 관해 내리는 결정에는 별 차이가 없을 것이다. 어쨌든 인턴십, 거주할 도시, 집 같은 것들은 그녀의 요구에 부합해야 하고 경제적으로도 감당할 만한 수준이어야 한다. 그녀가 처음 살게 될 혼자만의 월세방은 둘이서 함께 계약을 하는 경우보다는 조금 작아질 것이다. 하지만 그것은 그것대로 나쁘지 않을 것이다.

파스칼의 내기에서 알게 된 논리 덕분에 그녀는 다시금 행동에 나설 수 있게 되었다. 지금 남자친구와 헤어진다면 자신이 그런 상황을 '무한히' 어리석게 여길 것이 분명해졌기 때문이다. 하지만 그가 나중에 결국 자기한테 오지 않는다면 그저 '아주 많이' 슬퍼지는 정도일 것이다.

파스칼의 경우처럼 이 사례 역시 엄밀한 과학의 문제가 아니다. 오히려 중요한 질문은 이런 것이다. 무엇이 나한테 얼마나 중요한가? 합리적으로 비교 불가능한 선택지들을 어떻게 서로 저울질할 수 있을까? 그러기 위해 우리는 전략적 계산이든, 다른 이유에서든 신을 믿어야 할까? 그럴 필요까지는 없다. 세속적인 일에도 파스칼의 논증을 얼마든지 적용할 수 있다.

사족이지만, 찰스 다윈 *Charles Darwin*은 두 명의 여성 중 결혼 상대를 정하기 위해 각자의 장단점을 적은 목록을 작성했다. 그러고 나서 정작 선택한 것은 플러스 점수가 낮은 쪽이었다. 결혼 생활은 다윈이 죽을 때까지 유지되었다. 다시 말해 우리의 직감은 우리의 이성보다 더 합리적일 때가 있다. 파스칼의 내기는 올바른 결정을 보장해주지는 않는다. 다만 자신만의 기준을 평가하는 데 도움을 줄 뿐이다. 그리고 실행 과정에서 어차피 이 길을 가는 것 말고는 다른 선택지가 없음을 깨닫게 될 것이다.

· 이 문장에서 깨달은 것 ·

용기, 신뢰, 확신

일상의 무게를 덜어주는 철학

9

"가장 두려운 악인 죽음은
우리와 상관이 없다.
살아 있는 동안 죽음은 오지 않고,
죽음이 올 때면
우리는 없기 때문이다."

에피쿠로스

Epicouros

기원전 341~270

✳

고대 그리스의 철학자.
에페쿠로스학파의 창시자로 쾌락주의 철학을 발전시켰다.

* 　　　죽음은 악명 높은 불청객이다. 누구나 죽음을 멀리하려 한다. 그러면서도 죽음에 관해 많이 생각한다. 오래 살기를 바라지 않는 사람은 없을 것이다. 이에 부응해 제약회사들은 영양보조제 판매로 엄청난 수익을 올리고 관련 연구도 활발히 진행 중이다. 다른 한편으로, 설령 불로장생의 꿈이 실현되더라도 그것이 과연 큰 즐거움을 줄지는 의문이다. 언젠가는 삶이 지루해질 것이 뻔하기 때문이다.

오랜 세월 인간은 자신만이 죽음을 의식하고, 이 때문에 다른 동물과 차별화된다고 생각해왔다. 하지만 이제는 그 믿음이 흔들리고 있다. 죽기 전 조용한 장소를 찾아가고, 심지어 새끼를 위해 생명을 바치는 동물이 적지 않다. 적어도 죽기 직전에는 짐승들도 그 순간의 특별함을 느끼는 듯하다.

삶을 즐기고 있다면 죽기 싫은 것은 당연하다. 하지만 이따금 죽음에 대한 공포가 우리를 무력감에 빠뜨린다. 누구는 무턱대고 고통스럽게 죽을지 모른다는 두려움에 시달리고는 한다. 또 누구는 한 번뿐인 삶에서는 '모든 것'을 할 수는 없다는 이유로 여러 선택지 앞에서 결정을 못 하고 주저한다. 행여나 잘못된 선택을 하면 어떻게 될까?

에피쿠로스의 문장을 이렇게 옮기는 이도 있다. "죽음은 우리에게 아무 의미도 없다." 그러면서 죽음은 해롭지도 나쁘지도 않다는 결론이 내려지고, 삶 역시 유익하지도 바람직하지도 않은 것이 된다. 이 같은 해석은 도발적인데다 그 근거도 불확실해 보인다. 에피쿠로스는 누구나 마음의 완전한 평화를 뜻하는 '아타락시아 *Ataraxia*' 상태에 도달할 수 있다는 것을 말하고자 했다. 앞선 인용문에서 말한 대로 죽음은 "우리와 아무 상관이 없고", 따라서 두려워할 대상이 아니기 때문이다.

아버지는 죽음 자체가 아니라 그저 죽는 것이 두렵다는 말씀을 종종 하시고는 했다. 그것은 에피쿠로스도 어쩔 도리가 없다. 어쨌든 그의 인식은 우리가 더 이상 이곳에 없다는 두려움을 없애줄 수는 있을 것이다.

독일의 정치풍자 작가 쿠르트 투홀스키 *Kurt Tucholsky*의 시에 이런 구절이 있다. "아, 내가 언젠가 죽는다면 나 자신이 몹시도 그리워지리라." 최근에는 이와 관련해 '포모증후군 *Fear Of Missing Out, FOMO*'이란 용어를 사용하기도 하는데, 이는 고립 공포증, 즉 소외되는 것에 대한 두려움을 가리킨다. 죽은 사람은 더 이상 삶에 참여할 수 없기 때문이다. 물론 죽고 나면 삶을 원할 수도 없기에 아쉬움 따위도 사라진다.

이 같은 인식은 우리가 죽음에 대해 가진 생각과 무관하게 유용하다. 만약 더 이상 존재하지 않는다면 조용한 안식은 보장된 셈이고 삶을 그리워할 일도 없다. 아니면 어떤 형체를 띤 채 유령처럼 떠돌아다닐지도 모른다. 생명의 에너지로 다시 흩어지거나 업業에 따라 다시 태어날 수도 있고, 혹은 천국의 구름 위에서 천사로 살아

가게 될지도 모른다. 그럼 아마도 새롭게 획득한 지위에 다시 집착할 것이다.

어쨌든 다시 말하지만, 죽는 과정을 두려워할 수는 있다. 하지만 죽음 자체를 걱정할 필요는 없다. 우리가 계속 있든지, 죽음이 그 자리를 차지하든지 둘 중 하나일 것이다.

그런데 죽음에 대한 우리의 평가에 영향을 주는 또 다른 요인이 있다. 바로 사랑하는 이의 죽음이다. 그것이 두려운 것은 그들의 빈자리가 남기는 공허감 때문이다. 우리가 이곳에 살아 있는 동안 그들의 죽음도 함께 있기 때문이다. 그리고 거기서 '죽음을 두려워해야 한다'는 (잘못된?) 결론을 이끌어낸다. 비록 자기 죽음을 직접 체험하지는 못하더라도 말이다.

에피쿠로스는 기원전 300년경에 살았던 인물로, 그 후 200여 년이 지나 에피쿠로스학파 철학자 루크레티우스Lucretius는 여기에 '대칭 논증symmetry argument'으로 잘 알려진 논리를 추가했다. 루크레티우스는 우리가 태어나기 전에는 존재하지 않았고 죽은 뒤에도 존재하지 않을 것이라고 주장했다. 이 두 상태는 대칭적이라는 의미에서 서로 유사하고, 유사한 상태는 유사한 태도를 요구한다는 것이다.

이는 왠지 불필요하게 복잡한 논증을 한다는 인상을 준다. 하나는 우리가 있기 전의 일이고, 다른 하나는 우리 앞에 놓인 일이기 때문이다. 게다가 이 경우 시간 순서를 고려해야 하는데, 처음에 우리는 비존재 상태로 있다가 이후에 비로소 우리 삶이 시작되었기 때문이다.

그럼에도 우리는 '죽음의 상태'가 '태어나지 않은 상태'와 동일하게 실재하지 않으므로 끔찍한 것이 아니라는 루크레티우스의 말에 동의할 수 있을 것이다. 그렇다면 끔찍하지 않은 것을 두려워할 이유가 무엇이란 말인가?

우리는 언젠가 죽음이 찾아온다는 것을 알지만 대개는 그것이 언제일지 짐작조차 못한다. 이 점에서 에피쿠로스의 문장은 옳다. 어떻게 할 수 없는 일에 관해 두려워하거나 회피하려는 것은 시간과 에너지를 낭비하는 일이다. 차라리 마음 편히 지금, 여기서 펼쳐지는 삶에 집중하는 편이 훨씬 현명한 선택이리라. 두려움이 사라지면 덩달아 용기도 솟는 법. 주어진 상황에서 최선의 결과를 만들어내고, 최대한 매 순간을 즐기며 살아가자!

· 이 문장에서 깨달은 것 ·

삶의 기쁨, 직접적 경험, 두려움에서 벗어나기

에피쿠로스

10

"만물은 흐른다."

헤라클레이토스
Heracleitos
기원전 520~460

✴

고대 그리스의 철학자. 만물의 근원은 영원히 사는 불이며,
모든 것은 영원히 생멸하며 변화하는 것이라고 역설했다.

＊ '시간이 모든 상처를 치유한다.' '때가 되면 길이 보인다.' '기회는 얼마든지 많다.' '이 또한 지나가리라.' 이처럼 고통의 감정이 영원하지 않음을 전하는 문장은 수없이 많다.

그런데 또 다른 문제는 시간이 흐르면서 기분도 변한다는 것이다. 유쾌한 순간도 그때뿐이다. '축제는 빼놓지 말고 즐겨야 한다'는 말도 그래서 생긴 것이다. '판타 레이 *Panta rhei*', 즉 '만물은 흐른다'고 헤라클레이토스는 일찍이 갈파했다.

아쉽지만 헤라클레이토스에게서 직접 전해지는 기록은 없다. 대신 플라톤이 헤라클레이토스에 관해 남긴 이야기에는 비슷한 문장들이 등장한다. "만물은 부단히 움직이고 어떤 것도 그냥 머물러 있지 않다." "같은 강에 들어가는 사람에게는 쉴 새 없이 새로운 강물이 흘러든다." "우리는 같은 강에 들어가지만 그것은 동일한 강이 아니다. 우리는 같은 강에 들어간 사람이면서 동시에 그 사람이 아니다." "동일한 강에 두 번 들어갈 수 없다."

요한 볼프강 폰 괴테 *Johann Wolfgang von Goethe*는 이 같은 모티브를 그의 시 〈변화 속의 영속성〉에 차용했다.

비가 쏟아질 때마다
너의 아름다움은 계곡은 모습을 달리하니
아아! 똑같은 강물에
너는 두 번 헤엄칠 수 없나니

헤라클레이토스

그럼에도 우리는 변치 않는 영속성을 기대하며 하루하루를 살아간다. 인테리어 공사를 마친 마트를 다시 찾으며 한동안 낯선 진열대 사이를 헤매고는 한다. 10년 전 휴가 때 방문했던 레스토랑을 다시 찾았을 때 달라진 음식 맛에 크게 실망한다. 물론 내일도 오늘처럼 해가 다시 뜨리라 믿어 의심치 않는다. 우정도, 연인과의 관계도 의심치 않는다.

우리는 기쁨마저 영원하리라 믿는다. 하지만 이런 믿음조차 깨지기 쉽다. 로또에 1등으로 당첨되더라도 얼마 후면(대략 6~12개월) 삶에 관한 만족도나 불만족도가 예전과 다를 바 없어진다고 한다. 또 새로 산 자동차, 연봉 인상, 새로 만난 반려자에 대해서도 조금 지나면 처음만큼 기뻐하지 않게 된다. 반대로 심각한 사고를 당했더라도 대부분은 다시 전처럼 삶의 만족도가 높아진다. 또 이별이나 죽음을 경험한 뒤에 느끼는 고통도 어느 순간 잦아들기 마련이다.

심리학자들에 따르면 이럴 때 우리는 '익숙해지는' 것이 아니라 감정을 의식에 '편입한다'. 둘 사이에는 미묘한 차이가 있다. 예컨대 엄청난 상실로 인한 슬픔은 쉽게 사그라지지 않는다. 다만 슬픔과 더불어 살아가는 법을 배울 뿐이다.

그럼에도 위와 같은 두 상황에서 헤라클레이토스의 깨달음을 고스란히 받아들이기는 쉽지 않다. 더구나 지금 별문제 없이 지내고 있다면 언젠가 상황이 나빠지리라는 것을 상상하기가 힘들 것이다. 오히려 '도대체 왜?'라고 되묻기 쉽다. 반대로 어려운 시간을 보내고 있다면 남들이 건네는 위로의 말이 주제넘고 순진하게 들릴 수 있다. 내가 얼마나 힘든 상황인지 저들은 몰라!

붓다는 모든 고통의 원인을 '집착'에서 찾았다. 집착, 즉 산스크리트어로 '우파다나*upadana*'는 원하든 원치 않든 뭔가를 '꽉 움켜쥐는' 것을 뜻한다. 그 대상은 청춘, 이상, 지위, 부, 신념 등 여러 가지다. 집착에서 벗어날 수 있도록 불교에서는 고정된 자아 같은 것은 없다고 가르친다. 물론 헤라클레이토스의 문장에서 교훈을 얻어내고자 이런 가르침까지 따를 필요는 없을 것이다.

그보다는 헤라클레이토스의 문장을 조용히 음미해보면 어떨까. 그가 말하고자 하는 것은 '그런 일로 호들갑 떨지 마. 곧 지나갈 거야!'라는 것이 아니라 무언가를 잃을 수 있다는 사실을, 상실을 받아들이라는 것이다. 오늘 같은 날은 두 번 다시 오지 않는다. 지금 이 순간만이 존재할 뿐이다. 물론 너무 자주 들어 진부하게 느껴진다는 것도 잘 안다. 하지만 그의 문장은 부인할 수 없는 진리다. 그럼에도 그로부터 뭔가를 시작하기가 쉽지 않다.

"만물은 흐른다" 또는 "똑같은 강물에 두 번 들어갈 수는 없다"는 사실은 내게 두 가지 점에서 도움이 되었다. 첫째, 못마땅한 일이 생길 때면 이렇게 생각하려고 한다. 그래, 지금은 이래도 내일이나 다음 주면 상황이 달라질 거야. 기분은 언제든 변할 수 있는 것이기에 지금 슬픔에 잠겨 있더라도 언젠가는 웃을 일이 생길 것이

헤라클레이토스

다. 그럼 된 것이다.

둘째, 연주회, 데이트, 휴가, 책 출간 같은 멋진 일을 경험하기 위해 노력할 때도 과도하게 기대하거나 흥분하지 않는다. 앞으로 일이 어떻게 진행될지 알 수 없기 때문이다. 어쩌면 엄청난 경험을 할지도 모른다. 그러니 일부러 비관할 필요는 없다. 어쩌면 그저 그럴 수도, 안 좋은 결과를 볼 수도 있다.

한번은 결혼기념일을 맞이해 스위스 몽트뢰 재즈 페스티벌의 공연 티켓을 구매한 적이 있었다. 그런데 공연 당일 비가 내린데다 나는 아프기까지 했고 연주회마저 100퍼센트 립싱크 공연이었다. 예전에 페스티벌을 방문했을 때 멋진 경험을 한 것과는 영 딴판이었다. 이것 참, 이미 엎질러진 물이다. 하지만 시간은 흐르게 마련이고, 실망의 감정도 결국 사라질 것이다.

기쁨도 마찬가지다. 친구와 보내는 즐거운 저녁 시간이 영원히 지속되고, 다음에 쓸 글도 이번처럼 훌륭하기를 바라는가? 하지만 우리가 그런 미래를 위해 발휘할 수 있는 영향력은 제한적이다. 다만 그런 기대 속에 최선을 다할 뿐이다. 그리고 의연히 결과를 기다리는 것이다.

처음에 나는 무엇에도 집착하지 않는다면 기뻐할 일도 없다는 생각이 들었다. 그때는 어떤 위험한 시도도 하지 않는 초연한 상태에 이르는 것이 최고의 목표처럼 보였기 때문이다. 하지만 이제는 생각이 달라졌다. 지금은 그저 이대로일 뿐이다. 그것이 내 마음에 든다면 더 바랄 것이 없다. 마음에 들지 않는다면 유감이다. 어찌 됐건 시간이 지나고 내일이 되면 또 달라질 것이다. 물론 더 좋아질 수도 있고 나빠질 수도 있다. 다만 더는 '지금'이 아니다. 나는 전보다 너그러운 마음으로 세상사가 변해가도록 내버려둔다. 술집들이 문을 닫고 우정이 단단해지거나 멀어지는 것을 받아들인다. 사실 헤라클레이토스는 이렇게 말했을 뿐이다. 너는 세상을 멈출 수 없다. 그것을 믿는다면 과대망상증에 걸린 것이다.

물론 나 역시 일상에서는 자꾸만 그런 희망에 사로잡힌다. 하지만 이제는 그런 내 모습을 자주 알아차리게 되면서 웃음으로 넘길 여유가 생겼다.

당연해 보이는 헤라클레이토스의 진리 덕분에 나는 좀 더 유연하게 삶을 대하고 춤추듯 삶을 살기 시작했다. 그리고 강물에 발을 담그고 있는 이 순간이 아름답다고 느낄 때면, 언제 다시 여기 올 수 있을까를 먼저 생각하지 않는다. 그보다는 최대한 현재에 집중하려고 한다.

· 이 문장에서 깨달은 것 ·

유연성, 자유, 무심한 태도, 희망

헤라클레이토스

11

"내가 무엇을 안다는 것을
어떻게 알 수 있을까?"

에드먼드 게티어
Edmund Gettier
1927~2021

✳

미국의 철학자. 세 페이지짜리 「정당한 믿음은 지식인가?」는
최근 철학사에서 유명한 논문 중 하나이다.

✴   "거봐, 내가 뭐라고 했어!" 매사에 아는 체하길 좋아하는 이들은 나중에 이렇게 말하고는 한다. 그런데 그 말은 사실일까?

친구 중에 '의도적 비관주의자'가 한 사람 있다. 그는 어떤 일을 숙고할 때마다 떠올릴 수 있는 모든 문제를 백과사전식으로 나열한다. 그리고 나중에 정말 문제가 발생하면? 물론 자기는 미리 알고 있었다고 큰소리친다. 하지만 그것을 과연 진정한 지식이라 할 수 있을까?

낯선 도시에서 길을 잃어버렸다고 하자. 풀이 죽어 다음 모퉁이를 돌아서는 순간 저 앞에 내가 찾던 호텔이 보인다. 이런 경우 나는 제대로 길을 찾은 것일까? 달리 말하면, 우연히 옳은 주장을 한다는 것이 가능할까?

미국의 철학자 에드먼드 게티어가 1967년 발표한 세 페이지 분량의 아주 짧은 논문에서는 바로 이 문제를 다루고 있다. 그 전만 해도 지식은 정당성 있는 참된 믿음으로 정의되었다. 즉 ① 스스로 그것을 믿어야 한다(믿음), ② 그것은 올바른 것이어야 한다(참), ③ 단순한 우연이 아닌 타당한 근거를 바탕으로 이 같은 견해를 취해야 한다(정당성). 이 같은 정의는 논리적으로 들린다. 그것이 올바르고, 왜 올바른지 이해하고, 그렇다고 믿으면 나는 그것을 '아는' 것이다. 여기까지는 별문제가 없어 보인다.

그런데 여기서 게티어가 등장해 논리상의 요술을 부린다. 이를 위해 그는 다음과 같이 쉽게 납득할 만한 두 가지 규칙을 사용한다.

에드먼드 게티어

첫째, 하나의 참인 진술에 또 다른 임의의 진술을 '또는'으로 연결할 경우에도 전체 문장은 참이다. '하늘은 파랗다'가 참이라면 '하늘은 파랗다, 또는 나는 내 열쇠를 잃어버렸다'도 참이다.

둘째, 하나의 참인 진술을 일반화하면 그것은 여전히 참이다. '나는 말 한 마리를 갖고 있다'가 참이면 '나는 포유동물을 갖고 있다'도 참이다.

첫째 항목과 관련해 게티어가 제시한 예시는 다음과 같다. 한 회사에 똑같이 지원한 두 남성이 있다. (논문에서는 남성만이 등장한다. 1967년은 성적 평등이 사회적 이슈로 떠오르기 전이다. 참고로 이것은 나의 정당성 있는 참된 믿음이다.) 남성 A는 남성 B가 채용될 것으로 믿는다. 그는 이에 대한 충분한 근거를 갖고 있다. 이미 결정이 내려졌다고 다른 직원에게 전해 들었을 수도 있다. 게다가 그는 경쟁자가 주머니에 동전 10개를 집어넣는 장면을 목격했다. (이는 다소 억지스럽게 보이지만 무엇을 주머니에 집어넣는지는 크게 중요치 않다. 명함이든 핸드폰이든 상관없다.) 즉 남성 A는 이번 채용 대상자는 동전 10개를 주머니에 넣은 사람이라는 것을 알고 있다고 믿는다.

이제 반전이 일어난다. 우연히 그 자신의 주머니에도 동전 10개(또는 명함이나 핸드폰)가 들어 있다. 그리고 예상을 깨고 그가 일자리를 얻었다. 이로써 '채용 대상자는 주머니에 동전 10개가 들어 있는 사람이다'라는 그의 진술이 진실임이 확인되었다. 하지만 이에 대한 근거는 어디에서도 찾아볼 수 없다. 이것은 '지식'이라고 할 수 없다.

둘째 사례에서 게티어는 포드 차를 소유한 것처럼 보이는 또 다른 남성을 소개한다. 남성 A는 포드 차를 몰고 다니며 남들을 차에 태우기도 하는 것 같다. 이제 이 남성이 또 다른 남성과 함께 한 공간에 있다면, 우리는 둘 중 하나는 포드 차를 소유하고 있다고 말할 수 있다. 비록 남성 A가 포드 차를 빌린 것이더라도(즉 최초의 가정은 참이 아니고, 따라서 '지식'이라 할 수 없다), 두 번째 남성이 포드 차의 소유주일 가능성은 여전히 남아 있다. 이로써 더 일반적인 진술은 참이지만, 이에 대한 원래 근거는 틀렸고 정당화되지 못한다.

게티어의 이러한 가정이 뜻하는 바는 해당 진술은 우연히 참일 뿐이라는 것이다. 틀릴 수도 있었던 것을 우연히 맞게 말했다면 그것은 '지식'일 수 없다.

이 같은 게티어의 설명은 폭탄선언이나 다름없었다. 물론 위의 예들은 억지스러운 측면도 없지 않다. 그럼에도 불구하고 잘못된 근거로 옳은 말을 하는 사람들을 볼 때 우리가 느끼는 불편함을 잘 설명해주고 있다. 또는 올바른 근거로 틀린 말을 하거나, 옳은 말을 하지만 어떻게 그것이 일어났는지 전혀 알지 못하는 경우도 이에 해당한다.

가령 자연요법 치료사와 그 신봉자들이 자주 입에 올리는 '병을 고쳐주는 사람이 옳은 것이다'라는 말을 살펴보자. 물론 아픈 사

에드먼드 게티어

람이 건강해졌다면 그 말이 맞을지 모른다. 하지만 이 경우 정말로 치료사가 '옳았기' 때문일까? 아니다. 그가 '우연히' 옳은 쪽에 서 있었기 때문이다. 그것은 입증 및 재현이 가능하다는 의미에서 '과학적'으로 '옳은' 것을 의미하는가? 역시 아니다!

일찍이 기원전 4세기경 그리스 철학자 에우불리데스*Eubulides*는 다음과 같은 역설을 통해 이 문제를 암시한 바 있다. "복면을 쓴 남자가 방에 들어온다. 당신은 그의 정체를 알지 못한다. 그는 당신의 동생이다. 따라서 당신은 당신의 동생이 누구인지 알지 못한다."

이 이야기를 듣는 순간 뭔가가 이상하다고 느끼지만 정확히 뭐가 문제인지 짚어내기는 힘들다. 하지만 전체적인 구성은 게티어의 경우와 유사하다. 기묘한 우연을 통해 우리는 뭔가를 '안다', 또는 이 경우 뭔가를 알지 못한다. 다만 이 예시에서는 '알다'라는 단어가 어떻게 상이하게 사용되는지에 방점을 찍고 있다. 복면을 쓴 남자가 누구인지 '알지' 못하는 경우, 누가 내 동생인지 '안다'고 할 때와는 뭔가 다른 것을 가리킨다. 어쨌든 여기서도 분명한 점은 무엇이 지식인지 정확히 모른다는 사실이다.

1960년대 말 게티어가 지식에 관한 기존의 정의에 입힌 피해는 여전히 복구되지 않은 상태다. '참이고 정당성 있고 스스로 그것을 믿는 것'이 아니라면 '지식'이 정확히 무엇인지에 관한 논의는 현재까지도 이어지고 있다. '건전한 상식과 어느 정도 좋은 의도가 있으면 그것을 알 수 있다'는 식으로는 보편적 정의를 내리기에 부족한 감이 있다.

철학자들의 이 같은 통찰에서 우리가 가져올 교훈은 이것이다. 인간은 우연히 옳은 주장을 펼 수 있다. 하지만 그것이 곧 그 사안에 관해 먼저 '알고' 있었다는 뜻은 아니다. 당신은 조금 전 그렇게 말했을 수 있다. 하지만 지식은 그런 것과는 다른 것이다.

관용, 독선에서 벗어나기, 논증의 보조 수단

에드먼드 게티어

12

"판단은
생각의 진리치로
나아가는 것이다."

고틀로프 프레게
Gottlob Frege
1848~1925

✳

독일의 논리학자이자 철학자.
근대 수리철학과 분석철학의 기초를 마련했다.

✳   철학에서는 수없이 많은 논증이 이루어진다. 즉 어떤 주장에 대한 근거가 제시된다. A와 B이면 C라고 할 때, A와 B는 '전제'라 부르고 C는 '결론'이라 한다. 모든 전제가 올바를 때 결론이 '참'인 논증을 가리켜 형식을 잘 갖춘 논증이라 부른다.

다음과 같은 아주 간단한 형태의 논증도 있다. 어떤 것이 어떤 상태에 있다면, 그것은 동시에 다른 상태일 수 없다. 예컨대 비가 내린다면 동시에 비가 오지 않을 수는 없다. 하지만 비가 내리는 동안 해는 비칠 수 있는데, 햇빛은 비의 '진정한' 반대 개념이 아니기 때문이다. 또 나는 동시에 크면서 작을 수 없고, 똑같은 순간에 로마와 런던에 있을 수도 없다.

'~인 경우에는 ~해야 한다'는 추론법도 끊임없이 사용되고 있다. '비가 내리면 도로가 젖는다.' '나는 주기적으로 운동을 하면 더 건강해질 것이다.'

그렇다고 이른바 '반대 추론'이 무조건 옳다는 말은 아니다. 도로가 젖어 있으면 비가 내렸다는 것일까? 어쩌면 그럴지도 모른다. 하지만 누군가 세차를 했을 수도 있고, 생수 운반차가 전복되었을 가능성도 있다. 내가 건강하다면 운동을 했던 것일까? 그것도 가능하지만, 운동하지 않고도 건강한 사람 중 하나일 수도 있다. 이런 예는 무수히 많다.

이런 유형을 포함해 훨씬 더 복잡하게 구성된 잘못된 결론이 수없이 발견된다. 그중에는 재미있는 것도 있고 많은 교훈을 남기

고틀로프 프레게

는 것도 있다. 몇 가지 예를 소개하면 다음과 같다.

미끄러운 비탈길 논증

A를 말하는 사람은 Z도 말해야 한다. (하지만 Z는 A에서 귀결되지
도 A를 초래하지도 않는다.)

예시: 누구나 마음대로 자신의 성별을 택할 수 있다면, 나는 나를
찻잔과 동일시할 것이다!

도박사의 오류

A가 오랫동안 발생하지 않았기 때문에 이제 A가 나타날 차례다.
(개연성을 상대적인 발생 빈도와 혼동한다.)

예시: 주사위를 던졌을 때 모두 같은 숫자가 나온 것이 오래전이
므로 이번에는 그 조합이 나올 때가 됐다.

제3의 가능성의 부인 *Tertium non datur*

내 적의 적은 내 친구다. (A와 B 외의 다른 대안에 대해 침묵하거나 무
시한다.)

예시: 환경을 보호하고자 하는 사람은 높은 실업률을 감수한다.

인신공격의 오류 *Argumentum ad hominem*

A가 그런 주장을 했다면 그것이 맞을 리 없다. (하지만 맞을 확률도

충분히 있다.)

예시: 프리드리히 메르츠 *Friedrich Merz*(독일의 강경파 보수 정치
인 - 옮긴이)가 찬성한다면 나는 반대할 것이다.

군중에 의거한 논증

안심하고 똥을 먹어라. 수많은 파리가 착각할 리 없다. (하지만 대
다수가 그렇게 믿었다고 해서 지구가 태양 주위를 도는 것은 아니다.)

예시: 사람들은 대부분 단것을 좋아한다. 그러므로 그것은 건강
에도 좋을 것이다.

순환 논증

그것은 사실에 부합하기 때문에 맞는 말이다. (말만 바꿔 동일한 내
용을 말하는 결론은 결론이 아니다.)

예시: A는 항상 진실만을 말한다. 따라서 A는 절대 거짓말을 하지
않는다.

귀납적 오류

일부분(또는 전체)에만 들어맞는 것이 전체(또는 일부)에도 해당
한다.

예시: 나는 원자로 이루어져 있다. 원자는 눈에 보이지 않는다. 그
러므로 나는 눈에 보이지 않는다. (원자의 성질이 내게는 해당

고틀로프 프레게

하지 않기 때문에 이는 사실이 아니다.)

감정에 호소하는 논증

상대방의 정서에 영향을 주려고 한다. (하지만 논증이 아니다.)

예시: 빵을 남기지 말고 먹어라. 에티오피아에서는 아이들이 굶
주리고 있다.

중도의 오류

균형을 잡아주는 공정함. (하지만 진실은 양극단 사이에 있다는 가정
은 근거가 없다.)

예시: 지구가 태양 주위를 돌까? 아니면 태양이 지구 주위를 돌
까? 전자인 경우도, 후자인 경우도 있을 수 있다. 아니면 두
가지가 동시에 가능할 수도 있다.

언어적 모호성 오류

두 가지 이상의 의미로 사용되는 동음이의어를 사용한다.

예시: 죄를 지으면 벌을 받는다. 벌을 받으면 꿀을 얻어 돈을 벌
수 있다. 따라서 죄를 지으면 돈을 벌 수 있다.

인과적 오류

식자층이 즐겨 인용하는 라틴어 구절 중에 'Cum hoc, ergo

propter hoc'가 있다. 직역하면 '이것과 함께, 그러므로 이것 때문에'라는 뜻이다. 시간적 전후 관계를 인과관계와 혼동하는 경우다.

예시: 밤이 지나고 낮이 찾아오기 때문에 밤이 낮의 원인이다.

＊

고틀로프 프레게는 논리학을 형식화한 철학자로 유명하다. 프레게는 '진리치眞理値, truth-value' 개념과 더불어 논리에 관해 '계산'과 유사한 작업을 가능케 하는 논리기호를 도입했다. 그 덕분에 하나의 논증에서 다른 논증을 끌어내거나 반대증거를 제시해 결론을 낼 수 있게 되었다.

이에 따라 프레게의 공식들과 '뜻과 지시체에 관한' 그의 사유 덕분에 위에 소개된 논증의 오류들을 피할 수 있었다. 다시 말해 언뜻 보면 맞는 것처럼 보이지만 사실은 그렇지 않다는 것이 입증되었다.

이 같은 혁신을 통해 수 세기 동안 철학사를 관통한 수많은 '패러독스'와 '딜레마'의 난제와 작별하는 계기가 마련되었다. 이는 진리에 한층 가까이 다가가는 논리의 발전을 의미했다. 여러 사유 활동의 의미란 곧 다양한 생각들을(또 그것의 유효성, 즉 진리치를) 체계적으로 분석함으로써 하나의 판단에 이르는 것이기 때문이다. 좀 더 쉽게 말하면, 무엇을 해야 할지 알아내고자 하는 것이다. 프레게

고틀로프 프레게

이후로 우리가 해야 할 일을 알아내기 위한 이런 작업이 훨씬 정리된 방식으로 이루어지게 되었다.

세심한 주의력, 논리적 정확성

13

"더 나은 주장이 지닌
구속하지 않는 구속력."

위르겐 하버마스

Jürgen Habermas

1929~

✳

독일의 철학자, 사회학자, 심리학자, 언론인.
비판이론과 실증주의, 북미 실용주의 분야를 연구한 사회학자로 유명하다.

✱　　　"아니야!" "맞아!" "절대 아니야!" "맞다고!" 스포츠든 정치든 주제에 상관없이 친구들과 토론을 벌이다 보면 답답한 말싸움으로 끝날 때가 많다. 그럴 때마다 우리는 모래를 던지며 화내는 세살짜리 아이처럼 소리를 지르고는 한다.

철학자 위르겐 하버마스라면 이런 상황이 이해하기 힘들 것이다. 하버마스의 주저 《의사소통 행위 이론》의 기본 전제는 대화를 나누거나 건설적인 논쟁을 벌일 때 우리는 최선의 결과를 얻어내고자 한다는 것이다. 이때 "더 나은 주장이 갖는 특유의 구속하지 않는 구속력"이 효과를 발휘한다. 이 같은 구속력이 특별한 까닭은 어떤 강요도 하지 않기 때문이다.

혹자는 이런 주장을 모순 어법이라 지적할지도 모른다. 즉 그것은 서로 모순되는 단어의 조합, 혹은 원의 정사각형화같이 불가능해 보이기 때문이다. 하지만 하버마스의 문장은 터무니없는 주장이 아니다. 그 진의를 알게 되면 깜짝 놀라지 않을 수 없다.

하버마스에 따르면 더 나은 주장은 듣는 이의 동의를 이끌어낼 수밖에 없는 설득력을 갖게 된다. 다시 말해 우리는 거기에 '구속된다'. 하지만 독재정권의 억압이나 경제적 곤란으로 인해 어쩔 수 없다는 의미에서의 구속이 아니다.

그럴 때 우리는 상대의 주장에 귀 기울이게 되면서 놀라움에 입을 다물지 못한다. 그리고 스스로 되묻는다. 왜 그 점을 미처 생각하지 못했을까? 순식간에 기존의 견해가 바뀌면서 다시는 예전으

일상의 무게를 덜어주는 철학

로 돌아갈 수 없다.

물론 하버마스도 일상에서는 이상적이고 완벽한 언어 소통이 드물다는 사실을 잘 알고 있다. 그럼에도 불구하고 하버마스에 따르면 서로 간에 이상적인 대화의 상황을 가정해야 한다. '의사소통 행위'는 자발적인 '의사소통적 이성', 즉 의사소통적 합리성이 선행함으로써 비로소 가능해진다는 것이다.

예컨대 누군가와 말다툼 중이라고 하자. 이런 경우 상대방이 말할 때 거기에 주의를 기울이기보다는 내가 이다음에 무엇을 말할지 내심 준비하느라 바쁜 게 일반적인 모습이다.

이와 정반대의 상황으로는 이성적이고 객관적이고 목표 지향적인 담론을 떠올릴 수 있다. 그런 대화에서 나는 저쪽 말에 귀를 기울이고, 혹시나 그 표현이 서툴더라도 대화 상대의 논리를 호의적인 자세로 검토한다. 그리고 입을 떡 벌어지게 만드는 놀라운 통찰을 듣는 순간, 반대를 위한 반대를 하기보다는 내가 잘못 생각했음을 솔직히 인정하고 기꺼이 자신의 의견을 바꾼다. 이렇게 해서 스포츠든 정치든 어떤 주제를 다루든 간에 모두가 함께 더 나은 삶으로 나아가는 토론이 가능해진다.

이런 이야기를 듣는 당신은 하버마스가 상아탑에 갇혀 고담준론을 펼친다는 인상을 받을지도 모른다. 대부분의 토크쇼나 의회 토론에서 "더 나은 주장이 갖는 구속하지 않는 구속력"이 작동하는 광경을 보기란 쉽지 않기 때문이다.

위르겐 하버마스

그런데 먼저 자신부터 되돌아보는 것은 어떨까. 하버마스의 주장에서 특히 끌렸던 점은 호의를 갖고 먼저 신뢰를 보내면서 겸손한 자세로 상대방의 말을 경청한다는 생각이었다. 나는 직접 실천에 나서기로 했다.

그리고 그 뒤로는 대화 중에 상대방의 말을 끊는 일이 줄어들었다. 일단은 말을 들어보고 그다음에 내가 무슨 말을 할지를 생각한다. 나는 그 짧은 침묵의 순간을 못 견딘 채 곧바로 말을 쏟아낼 필요가 없다는 점을 배웠다.

나아가 논쟁을 벌일 때도 더 이상 전투적인 태도를 취하지 않는다. 오히려 '아무래도 괜찮아'라고 생각할 때가 많아졌다. '굳이 당신을 설득하지 않아도 돼. 지금 우리가 말하는 주제는 그다지 중요하지 않아'라고 말이다.

그렇다고 마냥 입을 꾹 닫고만 있다는 말은 아니다. 축구 전술이나 Z세대의 삶의 만족도에 대해 벌이는 참신한 논쟁은 삶에 생기를 더해준다. 이제는 그런 토론을 흥미롭고 즐거운 일로 받아들이기에 더 이상 기를 쓰고 상대를 설득하려고 하지 않는다. (이런 노력은 훈계하는 태도로 비치기 쉽고 생각만큼 환영받지 못한다.)

반면 '이봐, 그건 정말 중요한 문제야'라는 생각이 들 때도 가끔은 있다. 주장을 뒷받침할 훌륭한 근거가 내게 있다고 믿기에 진심으로 누군가를 설득하고 싶어진다. 그럴 때도 이제는 잠시 속도를 늦추고, 화부터 내기보다는 차분하게 객관적인 태도를 유지하려

일상의 무게를 덜어주는 철학

고 노력한다.

물론 항상 원하는 대로 되는 것은 아니다. 이따금 열띤 논쟁 중에 득의양양하게 목소리를 높일 때도 있다. 하지만 예전만큼 자주는 아니다. 하버마스의 통찰 덕분에 논쟁의 목적을 바라보는 시야도 한결 넓어졌다. 나는 누구와 어떤 이유로 무엇에 관해 이야기하고 있는가?

내가 깨달은 것은 의견 차이가 있다고 해서 곧바로 논쟁으로 이어질 필요는 없다는 사실이다. 굳이 상대를 설득하려 하지 않고도 어떤 일이 어떻게 돌아가고 누가 무엇을 생각하는지 서로에게 설명할 수 있는 것이다.

설령 누군가와 언쟁을 벌이더라도 그것이 꼭 남성 호르몬으로 충만한, 오줌 멀리 싸기 같은 경쟁으로 치달을 일은 없을 것이다. 이제 나는 거기에 동참할지 말지 선택할 여유가 생겼다. 그러면서 운신의 폭이 넓어지고 훨씬 건설적으로 토론에 임하게 되었다.

하버마스는 이상적인 언어 행위는 참가자의 진실성을 전제로 한다고 말했다. 즉 (자신을 속이는 것을 포함해) 누군가 거짓말을 한다면 더 이상 논의를 진척시킬 수 없다. 이 점이 분명해질 때 나는 그 사실을 지적하고, 주제를 바꾸고, 공손히 대화에서 물러난다. 그럼 굳이 가짜 논증과 씨름하며 진을 빼지 않아도 된다.

하버마스의 생각을 바탕으로 내가 내린 또 다른 결론은 소셜 미디어에 더 이상 부정적 답글을 달지 말자는 것이다. 그냥 내버려

위르겐 하버마스

두든가, 내 의견이 어떤 토론이나 누군가에게 도움이 된다는 확신이 들 때는 장문의 글을 쓰기로 한다. 블로그에 글을 쓰거나 메일을 쓰기도 하고, 가능하다면 직접 만나 이야기할 수도 있다. 되도록 불에 기름을 붓는 짓은 피하려고 노력한다.

　나는 왜 이런 이야기를 하는 것일까? 그것은 더 나은 주장이 가진 구속하지 않는 구속력에 기대어 나의 이런 노력에 동참하도록 당신을 설득하기 위함이다. 그럼 언젠가는 토크쇼나 의회의 토론에서도 이런 태도가 널리 정착될 수 있지 않을까?

· 이 문장에서 깨달은 것 ·

건설적인 대화, 침착함, 관심, 선행하는 신뢰

50
philosophische
Erkenntnisse,

die das
Leben leichter
machen

· 2부 ·

내 삶이 선명해지는 철학

14

"나는 오직 사회적 존재로서
스스로를 이해할 수 있다."

게오르크 빌헬름 프리드리히 헤겔
Georg Wilhelm Friedrich Hegel
1770~1831

*

독일의 철학자. 독일 관념론의 완성자로 세계는 끊임없이 변화하는 과정이며
이는 관념의 변증법적 전개 원리로 설명될 수 있다고 주장했다.

＊ 가끔씩 사람들에게 신물이 날 때가 있다. 하나같이 미숙하고, 신뢰할 수가 없다. 결국 나 혼자 일을 처리할 수밖에 없다. 지긋지긋하다. 이제 퇴근하면 다시는 회사로 돌아가지 않을 것이다.

주변 지인 모두 정도의 차이는 있지만 종종 이런 경험을 한다. 심지어 늘 이런 패턴이 반복되는 사람도 있다. 다행히 이들의 경우 코로나19 사태 이후 재택근무가 유행하면서 개인적 접촉을 피하기가 한결 쉬워졌다. 그럼에도 불구하고 온라인상으로는 직장 동료들과 연결되어 있다. 주변에는 직장 동료뿐 아니라 부모, 삼촌, 이모, 형제자매, 자식 등 가족과 친구도 있다. 어떨 때는 소중한 친구들마저 지긋지긋해진다.

게오르크 빌헬름 프리드리히 헤겔은 왜 이런 현상이 벌어지는지 설명한다. 헤겔은 《정신현상학》에서 열 페이지 남짓한 분량으로 그 유명한 주인과 노예의 변증법을 소개한다. 헤겔의 주장에 따르면 불평등한 관계가 지속되는 두 개인 간의 만남에서는 '자신에 대한 확실성 *Selbstgewissheit*'이 형성될 수 없다. 왜 그럴까? 대체 이것은 무슨 말일까?

헤겔의 말을 들어보자. 주인은 노예와 그 노예가 하는 일에 의존한다. 노예 없이는 주인도 없다. 맞는 말이다. 반면 노예는 비록 자유의 몸은 아니지만 적어도 일을 통해 자기 자신을 경험할 수 있다. (반면 높은 자리에 있는 이들이 좋아하는 주인의 '일'이란 주인 노릇을 하는 것이 전부다. 헤겔은 여기에 별 가치를 두지 않는다.) 그럼에도 노예에게

게오르크 빌헬름 프리드리히 헤겔

는 주인이 필요하다. 주인의 농장 말고 어디서 일을 한다는 말인가? (이에 대해서는 여러 다른 대답이 나올 수 있다. 상관없다. 헤겔의 의도는 딴 데 있는 만큼 일단 그의 주장을 따라가보기로 하자.)

주인은 자기에게 노예가 필요하다는 사실을 인정할 때, 반대로 노예는 주인과 평화로운 관계를 맺을 때 비로소 둘은 서로 인정하는 가운데 자기 자신에 대한 확신에 이를 수 있다. 다시 말해 아무것도 없는 진공 상태에서는 '자기'가 존재하지 않는다. '타인'이 없기 때문이다.

나는 관계 속에서만, 타인과의 비교 속에서만 나를 나 자신으로 인정하고 규정할 수 있다. 만약 내가 세상에 홀로 있다면 나는 그저 존재할 뿐이다. 타인이 존재하지 않기에 나는 '자기 Selbst'일 수 없다. 내가 그들에게 타인으로 존재하는 가운데 그들 자신에 대해 '자기'로 존재하는 그런 타인들 말이다.

이를 두고 사회학자라면 '인간은 사회적 존재다'라고 말할 것이다. 다시 말해 인간은 무리 지어 사는 동물인 셈이다. 인간에게는 친밀함과 끈끈한 유대가 필수다. 그 때문에 귀찮고 힘들 때도 있지만 말이다. 세상과 단절된 삶을 사는 자는 괴상하게 변해간다. 인간과의 접촉 없이 자란 탓에 삶의 무능력자로 전락한 카스파 하우저 *Kaspar Hauser*의 이야기가 대표적 사례다. 물론 어쩌다 조용히 자신만을 위한 시간을 가질 때면 기분이 좋아지는 것은 어쩔 수 없다. 하지만 그것도 영원한 해결책은 아니다.

헤겔은 또 다른 측면에 관해서도 언급한다. 즉 남들과 함께하고 부딪치는 가운데 자신에 대해 반성하고 깨닫게 된다는 사실이다. 오직 타인과의 관계 속에서 나는 자신의 모습을 드러낸다. 처음에는 이런 소리가 이상하게 들릴 것이다. 왜 그렇다는 말인가?

그런데 반대로 생각해보자. 타인과 완전히 단절된 나는 누구일까? 그때도 나는 친절한 사람, 엄격한 사람, 상냥한 사람, 무뚝뚝한 사람, 여유 있는 사람, 스트레스 가득한 사람 등으로 불릴 수 있을까? 그럴 때 이런 표현들은 어떤 의미를 지닐까? 한마디로 공허하게 들릴 것이다.

물론 자기 자신에게 엄격하거나 상냥할 수 있고, 여유를 부리거나 스트레스를 표출할 수는 있다. 이것이 나라는 인격의 전부일까? 아니다. 아주 작은 일부일 뿐이다. 그 나머지는—나한테도—비로소 사회적 교류를 통해 드러날 것이다.

정리하면 이렇다. 어쩌다 다른 사람이 성가시게 느껴질 때 잠시 혼자 쉬는 시간을 갖는 것은 아무 문제가 없다. 오히려 그런 시간을 나 자신을 들여다볼 기회로 삼으면 어떨까? 가령 이런 성찰을 해보는 것이다. 생각보다 나는 인내심이 부족한 사람은 아닐까? 콧대 높고 까다로운 사람은 아닐까?

더 중요한 점이 있다. 서로 눈높이를 맞추어야 비로소 모든 일이 제대로 돌아간다는 사실이다. 이는 주인과 노예뿐 아니라 남자와 여자, 부모와 자식, 팀장과 팀원, 친구들 사이에서도 마찬가지다.

게오르크 빌헬름 프리드리히 헤겔

상사가 가진 지휘 권한이나 위계 같은 것은 헤겔에게 아무런 문제가 아니었다. 다만 그는 서로서로 진지하게 여기고 각자가 서로에게 필요한 존재임을 인정하자고 말했던 것이다.

그럴 때 비로소 우리는 타인과의 교류 속에서 무언가를 배울 수 있다. 그리하여 타인과 어울리면서, 또 거기서 나타나는 자기 행동을 접하면서 자신을 새롭게 자각할 기회를 얻을 수 있다.

· 이 문장에서 깨달은 것 ·

겸손, 자기의식, 애정

내 삶이 선명해지는 철학

15

"모래 한 알은 모랫더미가 아니다."

에우불리데스

Eubulides

기원전 400년경

✳

그리스의 철학자. 메가라학파의 창시자 유클리드의 제자이자 후계자이다.
유명한 논쟁가였으며, 많은 희극을 썼다.

✱   지금 당장 미용실로 달려갈까, 2주 뒤에 갈까? 내가 너무 뚱뚱한가(혹은 너무 말랐나)? 이 정도면 괜찮을까, 좀 더 먹어도 괜찮을까? 셔츠 가격이 너무 비싼가, 아니면 적절한가? 우리 앞에는 결정하기 힘든 문제가 산적해 있다. 그리고 문제를 너무 심각하게 받아들인 나머지 결정이 필요 이상으로 어려워진다.

'더미의 역설'(소리테스 역설 *Sorites paradox*로도 불린다. 'soros'는 그리스어로 '더미'를 뜻한다)이란 것이 있다. 연속된 상태들 간의 모호한 경계를 다룬 것으로, 이런 문제는 어제오늘 일이 아니다. 모랫더미에 관한 예를 살펴보자. 모래 한 알은 아직 더미가 아니다. 모래 두 알도 마찬가지다. 그렇다면 몇 알의 모래가 모여야 모랫더미가 될까? 이제 반대로 생각해보자. 모랫더미에서 모래 한 알을 빼내더라도 그것은 여전히 모랫더미다. 하지만 모래알을 하나씩 빼낸다면 언젠가는 모랫더미가 사라지고 말 것이다.

숱 많은 머리와 대머리, 초록색과 파란색, 언덕과 산, 간단한 것과 어려운 것, 배부른 것과 배고픈 것의 경계 등은 모두 이런 원리가 적용되는 사례다. 이것이 우리 삶에 주는 의미는 무엇일까?

우리는 흔히 일상에서 '테르티움 논 다투르 *Tertium non datur*', 즉 '제3의 선택지는 없다'라는 믿음 아래 이런저런 결정을 내린다. 심지어 다양한 방식으로 이런 잘못된 결론에 빠지고는 한다.

한편으로 우리는 어떤 결정을 앞두고 두 가지 대안밖에 없는 것처럼 상상한다. 예컨대 휴가지로 바닷가와 산 사이에서 고민하고, 점심으로 커리부어스트와 되너케밥 사이에서 망설인다. 연인과의 관계를 이어갈지, 아니면 나중에 고독사할 운명을 맞이할지를 두고 고민하기도 한다.

하지만 대개는 다른 선택지가 얼마든지 존재한다. 그것은 두 선택지 사이 회색 지대에 자리하기 마련인데, 실상 산과 바닷가 중 어디에 가도 상관이 없다. 일주일은 산으로, 일주일은 바닷가로 가도 좋고, 아예 산간 호수로 떠나는 방법도 있다. 연인 문제에서는 관계 개선을 위해 노력하는 길도 있고, 설령 헤어지더라도 얼마든지 다른 사람을 만날 수도 있다. 다시 말해 A(모래알)와 B(모랫더미) 사이에 무수한 중간 단계가 있음을 깨닫는 일은 중요하다.

다른 한편으로 우리는 훨씬 모호한 상황에 처해 있으면서도 선택지 A와 B 사이에서 분명한 경계를 찾고는 한다. 예를 들면 이렇다. 친한 여성의 남편이 큰 병을 앓고 있다. 그녀는 오랫동안 집에서 남편을 간호해왔다. 그런 남편을 요양원에 보내야 할 적절한 시점은 언제일까? 그녀는 이 문제로 고민하며 몇 달 동안 괴로워하는 중이다.

누구나 이 같이 '적절한 시점'을 찾으려 애쓴 경험이 있을 것이다. 언제 나는 배가 부른가? 언제 회사를 그만둬야 할까? 이혼 혹은 청혼을 위한 '적절한 순간'은 언제일까? 아이에게 고무젖꼭지를 얼마나 더 물려야 할까? 우리는 무엇을 통해 이 '적절한 시점'을 알 수 있을까? '너무 빨리'와 '너무 늦게'를 구분하는 기준은 무엇인가?

에우불리데스

당신도 짐작하듯 그런 기준이란 없다. 분명하게 나뉘는 '적절한 시점'이 있다고 믿는다면 각 단계의 경계가 유동적이라는 사실을 잊고 있는 것이다. 처음에는 모랫더미도 모래 한 알에서부터 시작되었을 것이다. 그러고서 모래알이 점점 더해진다. 그렇다면 언제 모랫더미는 모랫더미가 되는 것일까? 이를 결정하는 기준은 각자의 주관적 판단에 따를 수밖에 없다. "그 정도면 모랫더미로서 충분해!"라고 말할 때가 그렇다.

그래야 우리도 삶을 계속 이어갈 수 있다. 존재하지 않는 것을 마냥 기다릴 필요가 없기 때문이다. 무언가를 하는 데 있어 '적절한 순간'이란 없기에 그것을 정확히 알기란 불가능하다.

그런데 이런 경우도 있다. '아직 그 수준에는 못 미쳤어' 또는 '너무 늦어', '너무 많아' 같은 판단을 할 때다. 누구나 이런 상황에 익숙할 것이다. 맥주 한 병, 와인 한 병을 필요 이상으로 더 마시고, 누들 샐러드를 한 접시 더 먹는다. 스트레스 가득한 연애를 1년이나 지속하고, 과분하게 큰 자동차를 몰고, 값비싼 여행 패키지를 예약한다. 이런 사례는 수두룩하다.

반대로 위기가 올 때마다 직장을 관두거나 연인과 결별하는 사람, 지나치게 조심하고 위험을 피하는 사람도 있다. 노래와 춤을 멀리하고, 늘 최저가 라비올리 통조림만 찾아 먹는다.

그러면서 자신은 어떤 잘못도 저지르지 않는다고 믿는다. 하지만 착각이다. 이들은 '부족함'과 '과함' 사이에서 중용을 취하는 능력이 부족하다. (동서양 철학을 막론하고 중용은 이상적인 태도로 평가된다. 사람들은 대부분 이를 직감적으로 알아차린다. 영국의 전래 동화《골디락스와 곰 세 마리》에 나오는 이야기처럼 말이다. 즉 죽이 너무 뜨거워도 너무 차가워도 곤란하고, 침대는 너무 푹신해도 너무 딱딱해도 안 된다. 인생에 약간의 모험은 필요하지만 지나칠 필요는 없다.)

　물론 여기서 말하는 것은 수학적으로 정해진 중간이 아니라 우리가 느끼기에 '너무 많지도 적지도 않은' 상태다. 어쩌면 당신은 남들에 비해 양념이 많이 들어간 음식을 좋아하고 독서에 할애하는 시간은 더 적을지 모른다. 또 조용한 음악을 즐기고 추운 것은 못 참는 부류일 수도 있다.

　모두가 똑같이 평균적으로 움직인다면 우리 삶은 좋아질 수 없다. 결정을 객관화할 수 있다는 생각과 작별할 때 비로소 삶은 더 나아진다. 그런 것은 애초에 불가능한 일이다. 기계 제품이라면 그에 관한 일반화된 기준을 세우고, 그 기준에 따라 상품과 가격을 비교할 수도 있을 것이다.

　반면 똑같은 생각을 되풀이하며 절망감에 빠져 'X와 Y 중 무엇이 최선인지 어떻게 확신할 수 있을까?'라고 되묻고 있다면, 대개는 분명치 않은 개념에서 그 원인을 찾을 수 있다. 실수를 피하고 싶은 마음은 충분히 이해가 간다. 특히 사랑, 책임, 충실, 의무, 신중함, 야심같이 인생의 중요한 주제들은 모호한 구석이 많기에 더더욱 그렇다.

에우불리데스

더미의 역설은 흔히 고대 그리스 철학자 에우불리데스가 제시한 것으로 알려졌지만, 간혹 그의 동시대인 엘레아의 제논$_{Zēnōn}$이 처음 언급했다고 주장하는 이들도 있다. 어쨌거나 이 역설을 이해하면 자신만의 주관적인 결정을 내릴 수 있는 문이 열릴 것이다. "내가 보기에는 너무 모래가 많았어"라고 말하는 당신은 자신이 하는 일을 있는 그대로 받아들일 수 있다.

아픈 남편을 얼마나 더 집 안에서 간호해야 할지 결정을 내리지 못하던 친구는 안도했다. 옳고 그른 분명한 기준이 없다면 더 이상 머리를 싸매고 고민할 필요도 없어진다. 남들이 내 결정을 비난할 것이라는 두려움도 의미가 없어진다. 이제 그녀는 자신과 가족이 옳다고 느끼는 것에 집중할 수 있게 되었다.

객관화할 기준이 없으면 늘 불안할 것이라고 말하는 사람도 있을 것이다. 하지만 무엇이 옳고 무엇이 그른지 어떻게 알 수 있다는 말인가? 어디까지가 너무 오래 참는 것이고, 어디까지가 충분히 오래 참지 못한 것일까?

한 친구는 직장에 새로 온 상사에 대해 "무능하고 권력에 집착하는 멍청이!"라며 불평을 늘어놓는다. 당장 새 직장을 구해야 할까? 아니면 새 상사가 부임할 때까지 기다릴까? 또 다른 친구는 연인과의 관계가 무미건조해졌다고 느낀다. 이쯤에서 헤어질까, 좀 더 기다릴까? 기사 한 편을 완성했는데 발표해도 좋을 만큼 훌륭한가, 아니면 좀 더 다듬어야 할까? 그런데 문제는 이런 '좀 더'가 끝없이 이어진다는 것이다.

새 직장을 구하고 있는 동료가 있다. 첫 번째 지원에서 탈락했다고 곧바로 이력서와 서류를 수정한다면 너무 성급한 행동 같다. 그렇다면 언제가 적기일까? 50번째, 100번째, 혹은 500번째 탈락 뒤에? 아니면 남에게 비치는 모습이 아니라 나이, 전공, 연줄이 문제일까?

살다 보면 확고한 기준이 없어 아쉬울 때가 있다. 그러면 우리는 좌절하거나, 심하면 정신을 못 차리기도 한다. 이와 반대로 어떻게든 문제를 헤쳐나가도록 애쓰며 가장 합리적으로 여겨지는 길을 선택할 수도 있다. 온갖 주장의 더미가 충분히 쌓였는지 아닌지를 두고 머리를 싸매며 고민하지 않고도 말이다.

· 이 문장에서 깨달은 것 ·

시간, 에너지, 결단력

에우불리데스

16

"당위는 능력을 함축한다."

이마누엘 칸트
Immanuel Kant
1724~1804

✳

프로이센의 철학자.
근대 계몽주의를 정점에 올려놓았고 독일 관념철학의 기반을 확립했다.

＊ 최근 한 친구가 그의 어머니로부터 이런 말을 들었다. "네 아들 녀석이 어서 대학을 마치도록 해야 하지 않겠니?" 그는 어머니께 자신에게는 그렇게 '해야 할' 필연적 의무 _Müssen_ 가 없으며 그럴 능력도 없다고 설명했다. 이어 둘은 한참 말다툼을 벌였고, 서로 말을 안 하는 상태였다. 무엇이 문제였을까?

친구 어머니가 했던 말에는 타당한 이유 없이 두 가지 '당위 _Sollen_'가 가정의 형태로 숨어 있다. 물론 친구에게 아들이 학업을 서둘러 마치게끔 힘쓸 수밖에 없는 '필연적 의무'는 없다. 그보다 어머니는 이렇게 말하고 싶었던 것이다. '나는 네가 그렇게 하는 것이 마땅히 옳다고 생각한다.' '그렇게 하도록 해라.' 아울러 거기에는 손자가 마땅히 학업을 빨리 마쳐야 한다는 당위적 요구도 들어 있다. 그런데 이 두 가지의 경우 '당위는 능력을 함축한다'는 문제가 대두된다. 이것은 무슨 의미일까?

우리가 당위적 차원에서 무언가를 '마땅히 해야 한다면', 그렇게 바라고 요구되는 것을 이행하는 일이 '가능해야' 한다. 예컨대 '나는 마땅히 날아야 한다'고 말하는 것은 불가능하다. '나는 마땅히 사랑해야 한다'의 경우도 마찬가지다. 불가능한 것을 해야만 한다는 것은 내용상 무의미하다. 그럼에도 멋지게 들릴 때가 있다.

이제 친구 어머니가 그런 말을 한 이유를 살펴보자. 손자는 수강 신청을 잘못하는 바람에 졸업에 필요한 필수 과목 수강 기회를 놓쳤다. 물론 그것은 신중치 못한 어리석은 짓으로 화가 날 만한 일

이마누엘 칸트

이다. 어쨌든 할머니의 소망대로 학업을 신속히 끝내는 게 불가능해졌다. 하지만 할머니로서는 그 점을 상상하기 어려웠다. 따라서 할머니의 시각에서는 그런 요구가 가능했다(정확히 말하면 따져보지도 않은 채 무조건 가능하다고 여겼다). 물론 실제로는 불가능한 일이었다.

즉 그 가련한 손자는 자신이 할 수 없는 무언가를 해야 하는 것이다. 하지만 할머니가 요구한 당위는 그것이 가능하다는 점을 함축하고 있다. 이처럼 개념상의 혼란을 알아챌 때 우리는 비로소 다음과 같이 차분히 말할 수 있을 것이다. "그게 가능하다고 생각하지만 실제로는 그렇지 않아요. 무슨무슨 이유 때문이지요."

이 경우 어떤 일이 어느 정도로 불가능한지는 사안별로 차이가 있을 수 있다. 만약 시험공부를 게을리해서 불합격했다면 그것은 내 책임이다. 우울증으로 공부에 집중하기가 힘들어 떨어졌다면 비난의 강도는 약해지기 마련이다. 만약 사랑에 빠져 연인과 함께 밤새 클럽을 전전한 탓에 시험에 떨어졌다면, 이를 두고 로맨틱하다며 용서할 수 있는 일이라고 말하는 사람도 있을 것이다. 아니면 어리석다고 말할지도 모른다.

친구 어머니의 말에서 첫 번째 당위는 '너는 ~하도록 해야 한다'에 들어 있다. 하지만 어떻게 내가 아닌 누군가가 지금과 달리 행동하도록 할 수 있다는 말인가? 자식은 (또 배우자도) 우리가 마음대로 춤추게 할 수 있는 꼭두각시가 아니다. 물론 예전에는 그렇게 생각했을지도 모른다. 하지만 당시에도 부모들은 자녀가 착한 아이가 되게끔 '만들 수는' 없었다. 다만 지금보다 협박할 수단이 더 많았을 뿐이다.

따라서 그 첫 번째 당위가 의미가 있으려면 대학생 아들이 뭔가를 하도록 만드는 것이 가능해야만 한다. 마치 유치원생 아이가 싫다고 소리쳐도 장갑을 끼게 할 수 있는 것처럼 말이다. 따라서 이 표현은 아버지가 다 큰 자식을 조종해 빨리 졸업하게 할 수 있다는 가능성을 암시하고 있다. 하지만 그것은 잘못된 가정이다.

"너무 단어 하나하나에 매달리지 말아라! 내가 무슨 말을 하려는지 잘 알잖니?" 친구의 어머니는 이렇게 불평했다. 당연히 친구는 어머니의 말뜻을 알고 있었다. 다만 문제는 어머니가 스스로 자신이 무슨 말을 하고 있는지 몰랐다는 데에 있었다. 어머니는 실제로 '네 아들이 빨리 학업을 마치면 좋을 것 같구나'라는 식으로 호의를 갖고 말한 것이었다. 그것은 경제적 사정 때문일 수도 있고 이력서를 돋보이게 하고 싶은 바람일 수도 있다. 이런 이유에 반드시 동의할 필요는 없지만, 충분히 가능한 설명이다. 그리고 이런 뜻도 담겨 있었을 것이다. '나보다는 네가 그 녀석에게 동기 부여를 더 잘할 수 있을 거라고 믿는다.'

이렇게 어머니의 말에서 명령조의 어투를 제거하고 남는 것은 기대, 소망, 그 뒤에 숨어 있는 걱정이다. 강압적인 지시로써 이것들을 억누르고 있어야 했는데, 그것이 뜻대로 되지 않자 좌절감이 더 커졌다.

이마누엘 칸트

우리가 할 수 있는 일만을 마땅히 해야 한다는 말은 그 반대 주장을 통해 입증될 수 있다. 즉 내 능력으로 도저히 할 수 없는 일을 두고 그것을 해야 했다고 자신을 비난한다면 이는 사리에 맞지 않아 보인다. 예컨대 화학자라면 폭발 사고를 막을 수 있었겠지만 나는 그럴 수 없었다면 그것은 내가 전문가가 아니기 때문이다. 그러므로 '당신은 폭발을 막았어야 했다'는 문장은 잘못된 것이다. 내게는 그럴 만한 능력이 없었기 때문이다.

이것이 철학적으로 중요한 까닭은 어떤 목표에 이르는 방법에는 여러 가지가 있어서이다. 누군가 당신에게 아프리카 아이들이 굶주림으로 죽어가는 일을 막아야 한다'고 말했다고 하자. 이 말을 듣고 저녁에 먹는 빵의 양을 줄인다고 그 목표가 저절로 이루어지는 것은 아니다. 하지만 구호단체에 돈을 기부하는 방법이 있다. 그럴 돈이 없다면 식비를 아껴 모은 돈을 기부하면 된다.

만약 누군가 지구 반대편에 사는 특정한 아이를 물에 빠지지 않게 구하라고 요구한다고 하자. 이 경우 내가 현장에 없기에 그것이 불가능하다는 것은 누구나 알 것이다.

하지만 내 경험상 대화 중 상대방에게 이런 문제점을 언급하는 순간 십중팔구 불쾌한 반응이 돌아온다. 그럴 때마다 나는 '당위성'의 요구에 그럴 능력까지 포함시키는 것의 문제점을 지적하며 상대방의 부탁을 거절했다.

그런데 자주 도움이 되었던 방법이 있다. 속으로 조용히 상대방의 말을 이렇게 옮겨보는 것이다. 나 또는 누군가가 뭔가를 '마땅히 해야 한다'고 생각하는 이들이 있다면, 그들은 이유야 어떻든 그 일이 가능하다고 믿고 있다. 내가 그것이 불가능하다고 여기는 경우, 문제는 상대의 단호한 요구가 아니라 바로 '거기에' 있는 것이다.

나는 앞서 언급한 친구에게 '해야 한다'는 말이 포함된 모든 문장을 '네가 ~하면 좋을 것 같다'는 의미로 받아들여보길 권했다. 얼마 후 그 친구는 어머니를 만났고, 이런 말을 들었다. "내가 손자에게 좋은 뜻으로 말한 것을 기분 나쁘게 받아들이지 말아라." 이 말에 잠시 주춤하던 친구는 마음속으로 이런 소리를 들었다. "내가 손자에게 좋은 뜻으로 말했다는 것을 알아주었으면 좋겠구나." 그러자 친구는 더 이상 대들거나 따지지 않았다. 그게 무슨 소용이란 말인가? 그는 고집을 꺾고 이렇게 대답했다. "예, 그렇게 해볼게요."

당위가 능력을 함축한다는 생각은 이마누엘 칸트의 《실천이성비판》에서 유래한 것이다. 그렇다. 정언 명령을 제시한 그 칸트 말이다. ("보편법칙이 되도록 그대가 바랄 수 있는 준칙에 따라서만 행위하라.") 우리는 그 같은 정언 명령을 따라야 한다. 우리는 충분히 그럴 수 있다.

· 이 문장에서 깨달은 것 ·

행위의 자유, 책임 의식, 행위의 효력 범위

이마누엘 칸트

17

"잘못된 삶 속에
올바른 삶이란 없다."

테오도어 아도르노
Theodor W. Adorno
1903~1969

✳

독일의 사회학자, 철학자, 피아니스트, 음악학자, 작곡가.
프랑크푸르트학파 혹은 비판이론의 1세대를 대표하는 학자이다.

✳ 　　　2013년 에드워드 스노든*Edward Snowden*은 자신이 근무하던 미국 국가안보국*NSA*의 업무 방식을 묵과할 수는 없다는 판단에 따라 관련 서류를 세상에 공개했다. 비즈니스 컨설턴트였던 캐롤라인 데넷*Caroline Dennett*는 11년간 석유기업 셸*shell*과 일하면서 적지 않은 수입을 챙겼다. 그러다 2022년 돌연 그 일을 그만두었다. 글로벌 기업인 셸이 기후 위기에 맞서 충분한 대처를 하지 않았다는 이유에서였다. (왜 11년이 지나서야 그 사실을 알아챘는지 묻는 사람도 있을 것이다. 반면 '늦더라도 안 하는 것보다 낫다'라고 말할 수도 있다.)

　　주변 친구들을 살펴보자. 그중에는 거대 기업에서 작은 부속품처럼 일하며 이렇게 되묻는 이들이 적지 않을 것이다. 대부분의 결정이 주주들의 단기적 이해관계에 좌우되는 것이 과연 옳은 일일까? 저가 의류 브랜드 회사의 경영자는 아동노동과 환경오염에 책임이 없을까? 여전히 육식을 해도 괜찮은 걸까? 지역에서 생산되는 유기농 제품을 구매하는 것은 현명한 선택이 아닐까?

　　테오도어 아도르노는 막스 호르크하이머*Max Horkheimer*와 더불어 프랑크푸르트학파라고도 불리는 '비판이론'을 창시한 인물이다. 이들은 부르주아 자본주의 사회에 비판적 태도를 보이며 사회질서에 감춰진 지배와 억압의 메커니즘을 밝히고자 노력했다. 두 사람 모두 유대인으로 나치 치하에서 미국으로 피신했는데, 제2차 세계대전이 끝나고 몇 년 뒤 다시 독일로 돌아왔다.

　　아도르노는 미국 망명 시절 《미니마 모랄리아》를 집필했다.

테오도어 아도르노

여러 단상을 모은 이 책은 1951년 출간되었는데, "잘못된 삶 속에 올바른 삶이란 없다"는 문장은 이러한 맥락에서 등장한다. 아도르노에게 "잘못된 삶"이란 (가령) 나치 체제를 말하는 것이었다.

초기 원고에 등장하는 표현은 다음과 같다. "사적으로 더 이상 올바른 삶은 불가능하다." 여기서 아도르노는 옳은 것과 잘못된 것의 차이를 의심한 것이 아니었다. 옳은 것을 판별하는 감각을 잃지 않는 것이 얼마나 중요한지를 강조하고 싶었던 것이다.

어째서 잘못된 삶 속에서 올바른 삶이 불가능할까? 전쟁이나 홀로코스트같이 극단적으로 잘못된 상황은 개인과 같은 작은 차원에서의 올바른 행동으로 해결될 수 없기 때문이다. 독일에 머문 채 저항운동에 참여하지 않았던 이들은 히틀러 정권을 그대로 받아들이는 수밖에 없었다. 자기 집 안에서 아무리 올바르게 처신한다 한들 그런 정치적 상황을 바꿀 수는 없었다.

훗날 여성 운동가들은 "개인적인 것이 정치적이다"라는 구호를 외쳤다. 그리고 이것은 나중에 "개인적인 것은 정치적이고 정치적인 것은 개인적인 것이다"라는 서독 학생운동의 슬로건으로 확대되었다. 이에 따르면 모든 개인적 행동은 정치적 중요성을 띤다.

그러나 아도르노라면 다르게 보았을 것이다. 게다가 두 영역은 서로 비교될 만한 동일한 차원에 있지 않다. 개인의 행위가 아무리 올바를지라도 그 위에 있는 정치적 환경에서 벗어날 수는 없다.

실천의 차원에서 내릴 수 있는 결론은 두 가지다. 다만 이것들은 서로 모순적인 성격을 띠고 있다. 첫째, 모른 척 고개를 돌리는 것은 아무 도움도 못 된다. 거대한 악이 존재하는데도 저항하지 않는다면 우리도 공범자가 될 뿐이다. 둘째, 혼자서는 이 세상을 구할 수 없다. 악이 걷잡을 수 없이 퍼져 있을 때 개인의 행동만으로는 어떤 일도 해낼 수 없다.

첫 번째 결론은 '잘못된 삶'(윤리적으로 납득이 불가한 환경)에서는 어떤 올바른 삶도 불가능하다는 점을 강조한다. 그런데 누구나 올바른 삶을 살고자 하기에 무언가 하지 않으면 안 된다. 그것은 무엇일까? 두 번째 결론은 원칙상 첫 번째 결론과 정면으로 배치된다. '잘못된 삶'에서는—개인적 삶도 여기 포함되므로—더 이상 올바른 행동이 불가능하다. 그럼 남은 것은 실상 혁명뿐이다. 실망스러운 이야기다. 그럴듯하게 들리지만 자세히 보면 큰 도움이 못 되는 달력에 적힌 명언들과 별 다를 바 없어 보인다.

그런데 그사이 내 입장에 변화가 생겼다. 아도르노의 문장을 내 행동의 다음 단계를 평가하기 위한 길잡이로 삼기로 한 것이다. 중요한 질문은 이것이다. 현재 나는 '잘못된' 상황에 있는가?

가령 일찌감치 파탄 난 관계를 회복하기 위해 혼자 애써봤자 부질없는 짓이다. 뻔히 알면서도 기후 위기를 재촉하는 사업으로 돈을 버는 회사에 계속 근무하는 것은 바람직하지 못하다. 엉망으로 운영되는 부서에 남아 있는 것은 합리적이지 못한 일이다.

정리하면 이런 말이다. 내가 그 안에서 활동하는 거대 시스템

테오도어 아도르노

이 정상이 아니라면 제아무리 안간힘을 쓰더라도 효과는 전무하다. 그럼 자리를 박차고 나와 대안을 찾는 편이 낫다.

이번에는 반대로 따져보자. 올바른 삶 속에서 잘못된 삶이란 가능할까? 아도르노는 이에 관해 언급한 바 없다. 하지만 이 질문은 대답하기가 한결 쉽다. 내 주변 환경이 정상인데 나만 문제를 일으 킨다면 그런 행동을 안 하면 된다. 그럼 문제는 해결된다.

'올바른 삶'이란 '좋은 삶'을 의미하는 것일까? 여기서 '좋은' 삶이란 두 가지로 해석될 수 있다. 첫째, 플라톤적 의미에서 자기 자 신과 나머지 세상 사람이 모두 만족하는 '진실한' 삶을 뜻할 수 있 다. 우리는 이런 삶을 올바른 것으로 미루어 짐작할 수 있다. 둘째, '좋다'는 것은 즐겁고, 유쾌하고, 기분 좋은 상태를 의미할 수 있다. 다만 아동노동, 동물 학대 및 기타 도덕적 문제를 묵과할 위험이 있 다. 아도르노라면 분명 이 같은 입장에 반대했을 것이다.

그럼에도 우리 모두는 만사를 '올바르게' 또는 '좋게' 처리할 수만은 없음을 매일 느낀다. 타협은 불가피하다. 그런 점에서 '올바 른 것'은 목표가 아닌 방향을 제시하는 안내판에 가깝다. 이로써 우 리는 서로 충돌하는 행위나 원칙을 살피고 성찰하고, 특히 그 경중 을 따져볼 수밖에 없다.

아도르노의 말이 우리에게 어떤 의미를 전달하려면 먼저 '올 바르고' '잘못된' 것이 무엇인지에 관한 나만의 생각이 있어야 한다. 그런데 삶 전체가 '올바를' 수 있을까? 그러기는 힘들다. 올바른 결정은 있을 수 있다. 이때 '삶'을 동사형으로 이해할 필요가 있다. 즉 우리의 행동으로 비인간적인 체제를 유지한다면 '올바른 삶'이란 요원한 일이다.

누구나 '삶을 살고' 있기에 우리를 둘러싼 세상을 비판적 시각으로 바라볼 것을 요구받는다. 아도르노와 호르크하이머는 여러 글에서 정치권력과 자본주의가 개인의 무력화에 애쓰고 있음을 지적했다. 그러니 우리는 광고나 문화산업, 정치가들의 말에 현혹되어 잘못된 삶을 올바른 삶인 양 속고 사는 일이 없도록 주의해야 한다. 이것이 중요한 이유는 우리가 오랫동안 '잘못된 세계'에 익숙해진 나머지 올바른 세계를 알아보지 못할 만큼 손상되어 있어서다.

우리를 유혹해 구경꾼으로 만드는 '거짓된 세계'라는 모티브는 〈트루먼 쇼〉나 〈블랙 미러〉와 같은 수많은 영화나 드라마에서도 등장한다. 무엇이 진짜이고 무엇이 가짜인가? 무엇이 옳고 무엇이 잘못된 것인가? 이제 우리가 할 일은 무엇인가? 너무도 많은 '잘못된' 시스템이 존재하는 세상에서 이런 질문에 답하기란 쉽지 않다. 그럼에도 우리는 늘 그 같은 질문을 마음속에 담아두어야 한다.

· 이 문장에서 깨달은 것 ·

비판적 의식, 용기, 주체성

테오도어 아도르노

18

"나는 누구인가,
나는 얼마나 많은가?"

플루타르코스

Ploutarchos

46~120?

✻

고대 그리스의 철학자, 정치인 겸 작가.
중기 플라톤주의 철학자이며,《플루타르코스 영웅전》을 지었다.

*	마리는 남자친구에게 뺨을 맞았다. 얼마 후 남자친구는 눈물을 흘리며 다시는 그러지 않겠다고 약속했다. 하지만 같은 일이 수없이 반복된다. 한번 거짓말한 사람을 믿어서는 안 된다….

그런데 정말 그럴까? 사람은 바뀔 수 있을까? 7년마다 우리 몸의 모든 세포는 새롭게 교체된다고 한다. 그렇다면 어째서 내 학창 시절의 상처는 여전히 아물지 않은 채 남아 있으며, 10년도 지난 일들이 여전히 기억에 생생할까?

우리는 누구나 변한다. 좋은 쪽으로든, 나쁜 쪽으로든, 아니면 그 어느 것도 아닌 쪽으로. 하지만 그렇게 변한 나는 똑같은 나일까? 어떤 동료가 다섯 차례나 내 아이디어를 훔쳐 자기 것처럼 내세운다면, 여전히 그를 신뢰해도 좋을까? 이번에는 정말로 좋은 습관을 갖겠다고 결심한다면 과연 그것이 가능할까? 제발 양말을 아무 데나 벗어놓지 말라고 부탁한 여자친구의 말을 고분고분 따를 때, 그런 나는 여전히 '나'일까?

수천 년 전 이런 질문에 몰두한 철학자들이 있었다. 그 대표적 사례로 꼽히는 것이 바로 '테세우스의 배'에 관한 역설인데, 여기서는 이른바 '통시적 정체성 *diachronic Identity, diachronic*'('시간을 통과하는', '비동시적'을 의미함)의 문제를 제기하고 있다.

그리스 저술가 플루타르코스에 의해 처음 기록된 그 이야기는 다음과 같다. 테세우스는 해마다 자신의 배를 타고 델로스를 찾았다. 그러는 동안 그 선박은 이곳저곳 수리를 받았는데, 판자를 교

플루타르코스

체하고, 찢어진 돛을 꿰매고, 새 돛대를 달기도 했다. 질문은 이렇다. 언젠가 기존의 낡은 부품을 모두 교체한다면 그래도 똑같은 배라고 할 수 있을까? '어찌 되었건 똑같은 배'라는 것이 일반적인 대답일 것이다. 거기까지는 별문제가 없다.

여기서 토머스 홉스*Thomas Hobbes*가 등장한다. 그리고 앞의 이야기에 기발한 내용을 덧붙인다. 예컨대 이런 가정을 해보자. 선박 제작자가 예전 부속품들을 잘 보관해두었다가 나중에 그것을 조립하여 똑같은 배를 다시 만들었다. 이런 경우 똑같은 배가 두 번 존재하는 것일까? 물론 그럴 수는 없다. (이른바 '할아버지의 도끼' 이야기에서도 똑같은 질문이 제기된다. 도끼날과 자루를 하나씩 따로따로 교환했다면 그것은 여전히 '할아버지의 도끼'일까?)

이로부터 홉스는 '상대적 정체성'이라는 개념을 발전시켰다. 즉 기존의 배와 복원된 배는 재료들을 공유한다. 또 기존의 배와—수리 후 현재 사용하는— 새로운 배는 형태를 공유한다. 음, 그렇군. 사실상 그것은 이런 뜻이다. 그 배들은 '어딘가' 똑같지만 '어딘가' 다르기도 하다. 물론 여기서 '어딘가'는 '어떤 면에서'라고 바꿔 말하면 좋을 것이다.

바로 이 지점에서 우리 삶과의 구체적 연관성이 드러난다. 우리 모두는 '어떤 면에서는' 여전히 동일한 사람이다. 반면 다른 면에서는 그렇지 않다. 일반적으로 변함없이 그래도 유지되는 것들에는 이름, 주민등록번호, 성별, 피부색, 지문 등이 있고, 어느 시점부터는 성격, 전형적인 행동 방식, 취향 등도 여기에 포함된다. 지식이나 능력 같은 것은 한동안 늘다가 다시 줄어든다. 물론 이름, 성별, 피부색도 달라질 수 있다. 반면 절대 변하지 않는 것도 있다. 즉 그 경계가 뚜렷하지는 않다.

나는 술, 담배를 멀리하고 남의 말을 끊는 버릇을 없앨 수 있을까? 물론이다. 하지만 절대 쉬운 일은 아닐 것이다. 마리의 남자 친구는 그녀에게 두 번 다시 손찌검을 안 할 수 있을까? 물론 안 할 수 있다. 하지만 정말 그럴까? 아무도 모르는 일이다.

우리는 중요한 특성들을 '고정된' 것으로 보려는 경향이 있다. 몇 년 후면 몸 안의 세포들이 일제히 새롭게 교체되더라도 성격만은 불변한다는 것이다. 고대 아테네 선박의 경우는 사정이 다르다. 거기서는 삐걱거리는 부서진 판자를 다른 성질을 지닌 새것으로 교체했다. 배의 특성이 새롭게 바뀌었다.

이 점에서 사물과 인간은 차이가 있다. 우리가 어린 시절을 보냈던 집의 내부를 허물고 증축한다고 하자. 그것은 '어딘가' 여전히 우리 집이지만 동시에 전혀 다른 특성, 다른 이용 가치, 다른 분위기를 띠게 된다. 집의 중요한 요소들이 달라진 것이다.

하지만 경험상 인간의 경우 그런 일은 드물다. 설령 그렇더라도 직접 행동에서 확인되기 전까지는 믿기 어렵다. 홉스가 제기했던 흥미로운 '복제' 아이디어가 생명체에는 제대로 적용될 수 없기에 더욱 그렇다. 빠진 모발과 죽은 간세포를 가지고서 제2의 나를

플루타르코스

만들 수는 없다. 이런 형태의 이원성은 불가능한 일이다.

테세우스의 배는 수십 년 전의 배와 동일할까? 또는 누가 봐도 개축된 집은 어떠한가? 그럴 수도 있고 아닐 수도 있다. 보는 관점에 따라 다르다. 그렇다면 나는 전과 동일한 사람일까? 마리의 남자친구와 항상 바쁜 동료의 경우는 어떠한가? 인격의 비중이 높은 존재일수록 우리는 그 질문에 '그렇다'고 대답할 것이다. 육체는 쇠할지라도 (또는 운동과 금연으로 더 건강해지더라도) 정신은 그대로다.

어떤 사람의 과거와 현재 모습에서 물질이나 형태가 공유되고 있을까? 다시 말해 사실상 모든 것이 변했을까, 아니면 똑같이 유지되고 있을까? 그런 점에서 '테세우스의 배' 이야기는 '한번 거짓말한 사람은 믿기 힘들다', 또는 '불에 덴 아이는 불을 피한다' 같은 격언에 담긴 진실을 뒷받침해준다. 물론 두 가지 경우 모두 예외는 있다. 그럴 때 우리는 그럴 만한 근거를 알고 싶어 한다.

나아가 일상에서 이 이야기를 다음과 같이 이해할 수도 있을 것이다. 예전에 방문한 휴가지를 5년이 흘러 다시 찾거나 오래간만에 단골 식당에 들른 사람이 겪는 익숙한 경험이 있다. 모든 게 전과 똑같지만 완전히 다른 느낌이 든다는 것이다. 그것은 하나도 안 변했으면서도, 또 반드시 그런 것만은 아니기 때문이다.

· 이 문장에서 깨달은 것 ·

생동감, 변화와 무상함을 받아들이기

19

"우리는 박쥐가 된다는 것이 어떤 것인지 알 수 없다."

토머스 네이글
Thomas Nagel
1937~

✳

미국의 철학자이자 윤리학자.
자유주의적 평등주의 이론을 대표하는 학자이다.

        "네가 어떤 기분인지 잘 알아!" 좋은 뜻으로 한 말이지만 대개 사실에 맞지 않는다. 누구에게 어떤 일이 쉬울지 어려울지, 어떤 선물이 적합한지, 또 그 사람의 행동이나 문자 메시지에 어떤 속뜻이 담겨 있는지 나름대로 추정할 때가 있다. 그러면서 종종 자신의 공감 능력을 과대평가하기도 한다.

이럴 때 적용되는 논리는 간단하다. 내가 더우면 너도 덥다는 것이다. 상대도 나와 비슷하게 느낄 것이기 때문이다. 그런데 정말 그럴까? 물론 특정 종류의 빛깔을 두고서 초록이나 파랑, 빨강 등으로 부르자고 약속할 수는 있다. 그렇다고 우리 감각이 작용하는 방식도 비슷할까? 장담할 수 없다.

미국 철학자 토머스 네이글은 1974년 한 소논문에서 이에 대한 설명을 내놓았다. 이 논문은 철학계에서 근대 이후 가장 영향력 있는 연구 성과의 하나로 꼽힌다. 네이글은 인상 깊게도 박쥐를 비유로 들었다. 인간인 우리와도 어느 정도 가까운 포유류라는 점에서 박쥐는 적절한 예시라 할 수 있다. 네이글은 이렇게 서술한다. "우리 모두는 박쥐에게 경험이 있다고 믿는 듯하다. (…) 쥐나 비둘기, 고래처럼 박쥐도 경험이 있다는 것에는 의심의 여지가 없다."

이 문장은 박쥐가 세상을 특정한 종류의 방식으로 경험한다는 의미다. 이런 가정을 할 수 있는 것은 박쥐가 주변 환경에 반응하는 능력을 갖추고 있기 때문이다. 박쥐는 일차적으로 음파탐지기를 통해 외부세계를 감지한다. 다시 말해 박쥐가 발사한 초음파가 되돌아오면 이를 이용해 날아갈 길을 찾는다. 네이글의 주장대로라면 "박쥐가 된다는 것은 어떤 것"이라는 점은 분명하다.

하지만 그것은 대체 어떤 것일까? 음파의 반사로 위치를 알아내는 박쥐가 된다는 것이 어떤 것인지 인간으로서는 상상하기 힘들다. 박쥐처럼 팔을 흔들며 날카로운 비명을 내지를 수 있겠지만, 이는 진지하게 문제에 접근하는 방식이 아니다. 아니면 박쥐가 된다는 것이 어떤 것일지 다양한 추측을 해볼 수도 있다. 하지만 결국 그것을 알 수는 없다.

이런 결론은 단순하지만 그 파급력은 상당하다. 네이글은 경험이 본질상 주관적임을 입증했다. 박쥐가 된다는 것이 어떤 것인지는 객관적으로 파악할 수도 설명할 수도 없다. 경험이 주관적이라는 사실은 경험 자체에 대한 본질적인 깨달음이다. 다시 말해 모든 경험은 불가피하게 주관적이다. 칼에 손가락을 베이거나 사과를 한입 베어 물 때 나는 남들과 아주 비슷한 느낌을 받을 수 있다. 하지만 그 사실을 알 수는 없다. 사람마다 전혀 다르게 느낄 가능성도 얼마든지 있다.

좋다. 그럼 이제 어떻다는 말인가? 박쥐 이야기는 우리에게 세 가지 점에서 유익해 보인다. 첫째, 우리 모두는 (우리 대부분은, 또는 적어도 나는) 자기 경험으로 미루어 짐작하는 경향이 있다. 내가 너무 덥다고 느끼면 '더운' 것이다. 어떤 일이 내게 너무 어려우면 '용납하기 힘든' 것이 된다. 또 일이 쉬우면 '누구나 할 수 있는' 것이 된다. 이런 예는 끝도 없다. 네이글의 글을 접한 뒤로 나는 그런 습관에서 벗어나려고 노력 중이다. 이제 나는 내 경험을 특정 상황에 관해 가능한 한 가지 견해로 여기게 되었다. 어쩌면 남들은 그것을 비슷하게 또는 전혀 다르게 볼지도 모른다. 그리하여 질문은 더 많이, 추측은 더 적게 하기로 했다.

둘째, 우리는 (즉 우리 대부분은, 또는 적어도 나는) 사람들과 교류하면서 쉬지 않고 평가를 내린다. 누구는 똑똑하고 수완이 좋고 부지런하며, 누구는 게으르고 멍청하고 짜증을 유발한다. 하지만 이런 평가는 자신의 경험과 비교하면서 나온 것이다(첫째 항목을 보라). 즉 '나'라면 이 상황을 어떻게 경험할 것인가? 하지만 모든 박쥐는—또 모든 사람은—삶을 각기 다르게 경험한다!

셋째, 가끔씩 필요에 따라 타인의 처지에서 생각해봐야 할 때가 있다. 누가 조언을 구하거나, 남에게 줄 선물을 고를 때 등이 그렇다. 그때마다 나는 박쥐가 된다는 것이, 또는 다른 사람이 된다는 것이 어떤 것인지 알 수 없다는 사실을 떠올려본다. 그래서 내 경험으로부터 타인의 경험을 추론하는 대신 '타당한 근거가 있는' 추측을 해보려고 노력한다(첫째, 둘째 항목 참조).

네이글의 논문은 나로 하여금 작업 속도가 나와 다르고, 생각하는 데 더 긴 시간이 필요한 이들, 또 음악 취향이 다른 이들에 대해 좀 더 너그러운 태도를 갖게 했다. 또 괴로움과 고통도 사람마다 다르게 느낄 수 있음을 깨닫게 했다. 그런 내 태도가 지나치게 '부드럽고' '너그러운' 것일 수도 있음을 인정한다. 그런 주장도 이해가 된다. 물론 나는 여전히 내 주관적 인식과 판단에 근거해 '그렇지 않아'라고 말할 때도 있다.

그럼에도 누군가가 나와 다른 이야기를 할 수 있다는 가능성에 훨씬 열린 마음을 갖게 되었다. 적어도 그 사람의 주관적 관점에서 보면 얼마든지 그럴 수 있는 것이다. 박쥐가 된다는 것이 어떤 것인지 우리가 알 수 없다면, 총리나 의사, 버스 운전기사가 되는 것이 어떤 것인지도 알 수 없다. 배우자, 친구, 자식 등도 마찬가지다.

네이글의 인식은 기본적으로 우리를 외롭게 만든다. 내가 어느 정도 확실히 알 수 있는 것은 기껏해야 나 자신의 경험이다. (이 같은 경험의 내용을 철학에서는 '퀄리아 *Qualia*', 즉 감각질感覺質이라 부른다. 라틴어인 퀄리아는 '어떤 종류의'라는 뜻이다.) 동시에 그의 통찰은 우리를 좀 더 부드럽게 만들기도 한다. 누군가 책임을 회피하거나 나를 이용해 이득을 취하고 있다고 가정할 근거가 없는 한, 나는 타인이 자기의 현재 상태에 관해 말하는 것을 그대로 믿기로 했다. 그러면 내 경험상 오해로 인한 스트레스도 피하고 상대의 호감도 살 수 있다.

현재 활발히 논의되는 주제와 관련해서도 네이글의 통찰은 중요하게 비친다. 앞으로 수년, 아니 수십 년에 걸쳐 우리는 인공지능 기술과 씨름해야 한다. 그런데 여기서도 문제는 우리가 인공지능이 된다는 것이 무엇인지 모른다는 점이다. 하지만 사실 이 발언이 의미하는 바는 박쥐의 경우와는 다소 차이가 있다. 즉 인공지능

토머스 네이글

123

의 내부가 어떻게 작동하는지 알 수 없다는 뜻이다. 이것이 혼자 학습하는 시스템 구조의 본질이다. 박쥐와 달리 인공지능이 된다는 것이 어떤 상태로 '있다'는 것이라고 무조건 가정할 근거는 없는 셈이다.

네이글과 마찬가지로 우리 모두는 박쥐도 경험이 있다는 것을 전제로 한다. 박쥐는 어떤 식으로든 폭넓게 세상을 '느낀다'. 인공지능 역시 세상과 상호작용한다. 모종의 방식으로 세상을 지각하고, 저장되거나 조사한 측정값으로부터 결과를 산출한다. 하지만 여기서 말하는 '지각' 및 '있다'는 전혀 다른 의미를 지닌다. '지능'에 대해서도 마찬가지다.

그리하여 박쥐의 비유는 인공지능의 내면이 또 다른 방식으로 낯설게 남을 수밖에 없음을 이해하게 해준다. 이런 점에서 보면 인공지능을 좀 더 잘 이해하려고 애쓰는 것은 일종의 시간 낭비처럼 보인다. 그보다는 차라리 인공지능을 잘 다루려고 하는 편이 훨씬 의미 있는 일일지도 모른다.

· 이 문장에서 깨달은 것 ·

관용, 공감 능력

내 삶이 선명해지는 철학

20

"가장 단순한 해결책이 정답이다."

윌리엄 오컴

William of Ockham

1288~1348

✳

4세기 잉글랜드의 프란치스코회 탁발수도사이자 신학자.
논리학, 물리학, 신학에 관한 중요한 저작을 다수 저술했다.

✻ 　　　한번쯤 이런 경험을 해봤을 것이다. 오늘 저녁 준비를 위해 누가 뭘 사 올지 어제 미리 약속해두었다. 아침에도 재차 확인했다. 하지만 어떤 일이 벌어졌는가? 상대방은 빈손으로 집에 들어왔다. 도대체 신뢰하기 힘든 사람이다. 배고픈 것은 둘째치고 마음의 상처와 함께 슬픈 감정마저 든다.

인생사는 복잡하다. 그래서 우리는 늘 연관성과 이유를 찾고 싶어 한다. 그러면서 때로는 아주 복잡한 이유를 만들어낸다. 그 결과로 음모론이 탄생하기도 한다.

TV 의학 드라마나 수사 드라마를 시청하다 보면 진실을 좇는 과정에서 '오컴의 면도날'이 언급되는 장면이 종종 등장한다. 이 경우 "단순한 해결책이 최고야" 또는 "가장 단순한 해결책이 옳은 것이야" 같은 대사로 소개되기도 한다. 영어 속담 중에 이런 것이 있다. '오리처럼 생겼고, 오리처럼 헤엄치고, 오리처럼 꽥꽥거린다면 아마도 그건 오리일 것이다.'

'오리 실험'으로도 불리는 이 추론 방법은 자명해 보이는 접근 방식이나 설명이 올바른 해결책이라는 주장의 근거로 사용된다. 또는 이와 반대의 경우를 보여주고자 언급되기도 한다. 가령 비범한 두뇌의 드라마 속 의사나 형사는 명백해 보이는 결론을 믿는 이들과 달리 복잡한 추리 과정을 거쳐야 올바른 해결책에 이를 수 있음을 깨닫는다.

기본적으로 '쓸데없이 일을 복잡하게 만들지 말라!'라는 경험의 법칙에 반대할 이유는 없어 보인다. 다만 프란치스코회 수사였던 윌리엄 오컴의 문장을 살펴보면 '오컴의 면도날'이 전하는 메시지는 그것과 미묘한 차이가 있음을 알 수 있다. 그는 정확히 다음과 같이 말했다. "실체가 필요 이상으로 늘어나서는 안 된다*Entia non sunt multiplicanda praeter necessitatem.*" 풀어 설명하면 이렇다. '본인이 합당한 근거를 제시하지 않고는 어떤 것도 받아들여서는 안 된다. 단, 그것이 명백하거나 경험상 알고 있거나 성서의 권위에 의해 확실한 경우는 예외로 한다.' 좀 더 쉽게 말하면, 어떤 사안에 대해 똑같이 훌륭한 설명이 두 가지가 있을 때는 전제조건이 간단한 쪽을 믿어야 한다는 것이다. 다른 쪽은 면도날로 잘라내듯 배제하라. 여기서 오컴은 개연성에 대해 말했을 뿐이다. 그의 주장은 해당 가정들이 실제로 옳은지는 말해주지 못한다.

수많은 철학자처럼 오컴도 무엇이 존재하고 무엇이 존재하지 않는지를 밝혀내고자 했다. 그가 인식의 원천으로 삼은 것은 자명성, 경험적 증거, 성서의 계시였다. 이 가운데 오늘날 일반적으로 인정받는 것은 앞의 두 가지다.

자명한 것은 모두에게 명확하고 당연하게 참인 것을 말한다. 가령 '두 짝수의 합은 항상 짝수다' 같은 간단한 수학 명제가 여기에 해당한다. 하지만 이런 경우를 제외하고는 무엇이 명확히 참인지 아닌지에 대해 철학계에서나 일상사에서나 의견이 분분한 실정이다. 경험적 증거란 우리가 관찰할 수 있는 것을 말한다.

윌리엄 오컴

오컴에 따르면 위에서 말한 세 가지(명확성, 관찰 가능성, 신)가운데 하나를 근거로 제시할 수 있을 때 무엇이 존재한다고 추정할 수 있다. 그러지 못한다면 그 대상이 존재하지 않는다고 가정해야 한다. 물론 확실한 것은 아니다. 오컴은 이 같은 관념에 대해 '그럴 수도 있으나 그렇지 않을 수도 있다'는 식의 '중립적' 태도를 취해야 한다고 보았다. 이로써 그는 훗날의 유명한 사고 실험 '슈뢰딩거의 고양이'(고양이는 살아 있으면서 동시에 죽어 있다. 우리는 정확한 사실을 알 수 없다)의 쉬운 버전을 미리 보여준 셈이다.

이 같은 사고방식은 논리상 불필요한 '부가 기능Add-ons'을 제거하는 데 특히 유용하다. 예를 들어 낙선한 정치인들은 자신이 음모의 희생양이고, 선거가 조작되었고, 언론들이 합심해 자신을 적대시했다고 주장하는 경우가 많다. 그런데 이런 주장은 입증이 어려운데다 단순히 유권자들이 다른 후보를 선택했다고 가정하는 것보다 더 많은 전제조건을 요구한다(즉 더 복잡하다).

불행을 겪거나 아프거나 괴로운 일이 생길 때는 '왜 자꾸 나한테만 이런 일이 일어나는가? 남들은 행복하게 사는데 왜 나만 불운한가!' 같은 불평불만에서 벗어날 필요가 있다. 우리는 남들이 겪는 어려움을 전혀 모르거나 그 일부분만 전해 들을 뿐이다.

왜 우리한테 그런 불운한 일이 일어나는지에 대한 가장 그럴듯한 설명을 제공하는 것은 무엇일까? 그것은 전 세계적인 음모론도, 세계를 배후에서 지배한다는 파충류 인간도, 우리에게 적대적인 우주도 아니다. 그보다는 누구나 언젠가는 불운을 겪을 수 있다는 단순한 사실이다.

오컴의 철학은 사물의 존재와 양태에 관한 것으로 애초에 인간 행동을 설명하기 위한 것은 아니다. 그럼에도 그의 통찰은 후자를 위해서도 꽤 유용하다. 가령 배우자가 우유를 사오는 것을 잊었거나 양말을 아무데나 벗어던진다거나, 또는 오해를 살 만한 문자 메시지를 보냈다고 하자. 복잡하게 설명하면 나를 화나게 하거나 모욕을 주려고 상대가 일부러 그런 일을 벌였다고 할 수 있을 것이다. 나와 관계를 이어갈 생각도 없는데 나를 골탕 먹이려고 헤어지지 않는 거야! 나를 사랑한다면 그런 식으로 행동하지 않았겠지. 우유를 사 오고 양말을 치우고 하트 모양 이모티콘을 보냈겠지! 우리는 이런 상상에 빠지기가 쉽다. 안 그래도 스트레스로 가득 차 있는데다 말다툼까지 벌였고 경제적으로도 힘들다면 더더욱 그럴 것이다.

하지만 더 단순한 설명도 가능하다. 상대방도 사람인 만큼 가끔은 잊어버릴 수도 있다는 것이다. 그런 모습에 화도 나고 짜증도 나겠지만 이쪽이 훨씬 더 그럴듯한 설명이다. 철학자 오컴은 우리로 하여금 침착함과 냉정한 현실감을 찾도록 도와준다.

· 이 문장에서 깨달은 것 ·

삶에 유용한 규칙

월리엄 오컴

21

"더 많다고 더 좋은 것만은 아니다."

존 타우렉

John Taurek

1936~2003

✳

미국의 철학자. 논문 「수를 셈해야 하는가?」는
많은 논란을 불러일으켰으며 많이 인용되고 있다.

*   아이스크림 여덟 개가 핫도그 두 개보다는 더 나을 것이다. 1,000유로가 100유로보다 더 좋다. 크게 다칠 위험에 있는 사람들이 있다면 한 명보다는 두 명을 구조하는 편이 더 낫다. 모두가 어느 정도 수긍이 가는 이야기들이다.

사람 생명을 구하는 상황은 철학자들의 사고 실험에서 단골로 등장하는 사례다. 이때 몇 명을 구할지를 두고 벌어지는 논의는 자율주행차의 발전으로 뜻밖의 중요성을 띠게 되었다.

다음과 같은 경우를 상상해보자. 자율주행차 한 대가 빗길을 달리다 좌우로 휘청인다. 그 결과로 보행자 한 명 또는 두 명이 차에 치일 수 있다. 이처럼 모호한 상황에서는 항상 적은 수의 인명을 희생시키도록 자동차 프로그램을 짜야 할까? 1~4명 사이에서 결정해야 한다면 문제를 대하는 우리의 관점도 달라질까? 더 나아가 수천 명을 구해야 하는 상황이라면 어떨까?

이 같은 문제가 몇 년 전 현실로 나타났다. 코로나19 백신이 처음 나왔을 때 각국에서 공급 부족 현상이 발생했다. 다른 국가보다 더 많은 돈을 지불한(또는 협상에 능했던) 국가들이 더 많은 백신을 공급받았다. 하지만 그렇게 확보한 백신은 나중에 수요 부족으로 유효기간을 넘기면서 결국 폐기 처분되었다.

이런 상황은 어떤가? 당신은 좋은 일을 하고자 기부를 계획한다. 그런데 아프리카에서 활동하는 단체가 아닌 국내 아동을 돕는 단체에 기부한다면 훨씬 더 적은 수의 아이들을 돕게 될 것이다.

존 타우렉

131

불확실한 경우 최대한 많은 인원을 돕는 것이 논리에 맞지 않을까? 다시 말해 '숫자가 중요한가?'는 미국 철학자 존 타우렉이 수많은 논란을 불러일으킨 그의 논문에서 던진 질문이기도 하다. 타우렉은 양적인 비교만으로는 충분치 않다고 보았다.

타우렉에 따르면, 만일 우리가—그것이 어떤 위험이든—친구 한 명과 모르는 사람 두 명을 구해야 하는 선택 앞에서 친구를 우선시했다고 그것이 잘못되었다고 할 수는 없다. 하지만 이런 문제에 가족이 관여되는 순간 사람들은 대부분 마음이 흔들리게 마련이다. 예컨대 내 자식에게 과외 같은 학습 지원이나 테니스 수업, 승마용 말이 과연 필요할까? 차라리 적은 지원으로도 충분한 아이들을 여러 명 돕는 편이 더 현명한 선택이 아닐까? 달리 표현하면 이렇다. 주관적 이유로 특정한 이들을 선호해도 괜찮은 것일까?

타우렉은 '그렇다'고 답한다. 실상 우리는 늘 그렇게 하고 있고, 그래도 괜찮다는 것이다. 물론 모든 상황에서 그것이 허용되는 것은 아니다. 가령 법 앞에서는 누구나 평등해야 한다. 아무튼 이것은 지금 주제와는 다른 문제다.

일상생활에서는 친구나 가족에게 유리한 결과가 돌아가도록 애쓰는 상황이 자주 벌어진다. 그리고 이를 위해서 온갖 이상한 이유를 거론한다. 굳이 그럴 필요가 있을까? 차라리 이런 태도를 솔직히 인정하는 편이 낫다. 누구는 나와 더 가깝고, 나는 그 사람을 더 좋아하는 것뿐이다. 물론 다른 사람들한테는 미안한 일이다. 하지만 그것이 정상적이고 인간적이다. 타우렉은 우리가 자기 행동을 평가할 때 개인적인 것과 무관한 관점이란 존재하지 않음을 강조한다. 우리는 늘 우리 자신—한 개인—이기 때문이다.

그렇게 느끼고 또 그것을 말로 표현해도 괜찮다면, 이제는 다음과 같은 문제를 성찰할 수 있다. 우리는 지금 공평무사한 태도가 요구되는 상황에 있는가, 아니면 그렇지 않은가? 실제로 우리는 엄격한 결과주의자들이 요구하는 대로 행동하지 않는다. 가령 될 수 있으면 교사는 자기 자녀를 수업해서는(또 성적을 평가해서는) 안 되고, 판사는 친구나 친척에 대한 재판을 하면 안 된다.

현실적으로 우리는 관련된 사람의 숫자만 중요한 것이 아니라는 점을 잘 알고 있다. 자기 자신뿐 아니라 남들 앞에서도 이 점을 인정하는 편이 낫다. 그럴 때 우리는 구구한 변명을 멈추고, 무엇이 적절하고 올바른지 서로 대화를 시작할 수 있다.

· 이 문장에서 깨달은 것 ·
결정의 자유, 주관주의의 허용. 경중을 따지는 기준

존 타우렉

22

"탄생성은 신체는 물론
새로운 생각과 재능을 발전시키는
능력이다."

한나 아렌트
Hannah Arendt
1906~1975

✻

독일 출신의 홀로코스트 생존자이자 작가, 정치이론 철학자.
현대의 대표적 철학자로 공공성의 문제를 탐구했다.

✻　　　"어디서 아이디어를 얻으시나요?" 작가라면 파티나 낭독회에서 으레 이런 질문을 받는다. 그런데 책 쓰는 과정에서 아이디어를 내는 일은 정작 가장 적은 비중을 차지한다. 오히려 다른 분야에서 훨씬 더 중요한 역할을 하는데, 창의력을 키우는 방법이나 코칭 등은 광고나 언론계같이 분업화된 분야에서 훨씬 유용하다.

　창의적인 사람이라면 다 아는 사실이 있다. 기발한 착상은 전체 과정에서 가장 쉬운 부분이고, 가장 힘든 일은 실행이라는 것을 말이다. 한 권의 책을 쓰기까지는 오랜 시간이 필요하고, 영화 한 편을 완성하는 데에는 더 오랜 시간이 필요하다. 홍보 영상 하나만 해도 몇 달이 걸리기도 한다. 유튜브에 게시할 영상 한 편을 위해 수백 시간, 또는 수천 시간을 작업에 쏟는 경우도 허다하다.

　그러니 실망스러울 수 있겠지만 이렇게 답할 수밖에 없다. 어디서 아이디어를 얻는지는 크게 중요치 않다. 관건은 아이디어가 아니라 끝까지 견디는 힘이다. 그럼에도 새로운 생각을 떠올린다는 것은 굉장하면서도 신비한 일이다.

　아이디어를 내는 인간의 능력과 그로부터 만들어지는 온갖 것을 생각하면 그저 놀랍기만 하다. 끊임없이 새로운 착상을 얻고 심지어 자기 자신을 새롭게 창조할 수 있는 현상을 두고, 독일 출신 철학자 한나 아렌트는 《인간의 조건》에서 '탄생성*natality*'[라틴어 'natalis(탄생의)'에서 유래함]이라는 개념을 제시한다. 죽음의 문제를 다루면서 죽음이 두려워할 만한 것인지 아닌지를 물었던 이

한나 아렌트

전 철학자들과 달리 아렌트는 탄생 또한 개개인의 삶에 큰 영향을 준다는 점에 주목했다. 전 세대 철학자의 태반이 남성이었다는 사실을 생각하면 이는 아렌트가 여성이었다는 점과도 연관이 있을지 모른다. 그런 면에서 '다양성'의 중요성을 일깨우는 사례로도 볼 수 있다.

"인간의 탄생성"이란 한편으로는 우리가 태어난 존재라는 사실을 의식하고 있음을 말한다. 동시에 새로운 아이디어를 발전시키고, 이를 통해 자신을 본질적으로 변화시키는 능력을 가리키기도 한다. 즉 우리는 끊임없이 새롭게 태어날 수 있다. 또 앞으로 어떤 형태로 새롭게 태어날지에 대해서도 영향을 끼칠 수 있다. 가령 애벌레는 나비로 다시 태어날 수 있을 뿐이지만 인간은 훨씬 더 많은 선택지가 있다. 우리는 저마다 고유한 방식으로 자신을 드러낸다.

우리는 타인과의 관계 없이 새로운 출발을 할 수 없다. 취미나 직업 등과 관련해 새로운 시도에 나서거나 특정 관심사를 추구할 수 있고, 심지어 성격을 바꿀 수도 있다. 우리는 남들 눈에 띌 만큼 의식적으로, 목적의식을 갖고, 의도적으로 자신을 변화시킬 수 있다.

아렌트는 "제2의 탄생", 즉 자기 자신을 '누군가'로 의식적으로 구성하는 일은 오직 타인을 향해서만 실현될 수 있다고 생각했다. 또 이것을 일종의 정치적 행위로 보았다. 행동이야말로 가장 기본적인 정치 활동이기 때문이다. 그러므로 탄생성은 인간의 "비고

정성"이 드러나는 것으로 볼 수 있다. 우리는 언제든 다른 사람이 될 수 있고 부단히 새롭게 시작할 수 있다. 이런 현상은 인간만의 전형적 특성이라 할 수 있다. 우리는 이런 특성을 끊임없이 활용하고 있다. 배움에 나서고 삶에서 자신을 변화시킨다. 달리 어쩔 수가 없다. 나는 더 이상 5년 전의 내가 아니다. 그것은 여러분도 마찬가지일 것이다.

이런 생각은 여러 상황에서 내게 도움을 준다. 첫째, 도무지 희망이 보이지 않는 막막한 상황에 부닥쳤을 때 아렌트의 깨달음은 그런 상황이 계속될 이유가 없음을 일깨워준다. 얼마든지 관점과 태도를 바꿀 수 있고, 심기일전한 모습으로 세상에 나설 수 있다. 둘째, 새롭게 시작할 용기가 나지 않을 때도 그렇다. '탄생성'의 개념은 새롭게 출발하기, 즉 자신을 부단히 새롭게 출산하는 것이야말로 인간됨의 일부라고 말해주기 때문이다. 그러니 시작하라! 셋째, 아이디어가 고갈되더라도 언젠가는 좋은 생각이 떠오르리라는 믿음을 잃지 않는다. 당연히 그럴 수밖에 없기 때문이다. 넷째, '이게 대체 무슨 일이지?'라고 되묻는 순간이 와도 긴장을 풀고 여유를 가질 수 있다. 중요한 것은 하나의 목표를 정해놓고 그 뒤를 열심히 쫓아가는 것이 아니다. 우리는 늘 새로운 결정을 내릴 수 있고, 또 그래야만 한다.

내가 존경하는 명상 스승 샤론 샐즈버그_Sharon Salzberg_도 비록 표현은 다르지만 비슷한 말을 한 적이 있다. 즉 수련 중에 주의력이 흐트러진다고 느껴질 때는 '새롭게 시작하라*begin again*', 좌절도 분노도 자기 비난도 없이 그저 새롭게 시작하라고 했다. 내게는 이것이 곧 '탄생성'을 실천하는 길이다.

그 깨달음은 또 다른 결과로도 이어진다. 우리는 남들에게 지금 상태 그대로, 또는 우리가 원하는 대로 있으라고 강요해서는 안 된다. '탄생성'은 그들에게도 적용된다. 따라서 이 같은 인간 특유의 본성에 따라 꾸준히 자신을 새롭게 한다면 조금이나마 과거와는 다른 사람이 될 수 있을 것이다.

· 이 문장에서 깨달은 것 ·

창의성, 새로운 시작, 새 출발

내 삶이 선명해지는 철학

23

"내가 틀릴 수도 있으므로
신념을 위해
목숨 바치지 않을 것이다."

버트런드 러셀

Bertrand Russell

1872~1970

✳

영국의 수학자, 철학자, 수리논리학자, 역사가, 사회비평가.
1950년 노벨 문학상을 수상하였다.

*　　　소셜 미디어를 확인하고 메시지를 읽고 친구를 만날 때
에도 우리는 늘 자기 입장을 밝혀야만 한다. 여기저기서 과장된 어
조로 자기주장을 내세우는 목소리가 우리를 향해 달려든다. 그러면
서 모두들 자기만 옳다는 듯 말한다.

　　기후 재난, 난민 문제, 열악한 교육 현실, 전문가 부족 현상, 젠
더, 축구 등등 논쟁거리가 넘쳐난다. 그런데 어떻게 다들 자기 생각
을 그처럼 확신할 수 있을까? 각양각색의 입장이 모두 옳을 수는 없
지 않은가. 물론 다음과 같은 경우도 있다.

　　첫째, 어떤 문제에 대한 '올바른' 해법이 없을 때도 많다. 이런
점에서는 다양한 제안들이 '옳을' 수 있다. 둘째, 아는 것이 부족한
상태에서도 결정을 내려야 할 때가 있다. 좋은 예가 코로나19 팬데
믹이다. 신종 바이러스의 위험은 얼마나 큰가? 백신은 얼마나 도움
이 되는가? 처음에는 추측만이 난무했다. 이 빈자리에 온갖 가정과
결론이 등장해 저마다 자기가 옳다고 주장했다. 셋째, 개별 사건이
나 논쟁을 이용해 보다 근본적인 차원의 주제를 건드리는 사례가
점점 늘고 있다. 가령 코로나19, 난민, 젠더, 교육과 관련된 논의를
바탕으로 민주주의와 정치에 대한 불신을 조장한다. 누가 여기서
이득을 볼까? 바로 급진 정당들이다. 이런 경우 어떤 입장을 성실히
주장하고 논리로써 방어하는 것은 중요치 않다. 오히려 큰소리만
치면 다 들어줘야 한다는 식이다.

　　게다가 누구나 틀릴 수 있다는 기본 전제를 대단한 모욕으로

받아들이는 사람들이 많은 게 현실이다. 이들은 이렇게 말한다. 틀릴 수도 있다면 목소리를 높일 용기를 어디에서 얻는다는 말인가? 우리가 경험으로 배운 점은 자신이 알고 있는 것에 한 치의 의심도 없는 것처럼 말하는 사람이 호평을 받는다는 것이다.

철학자들이 고위직에 선출되거나 크게 출세하는 일이 드문 것도 다 이유가 있다. 영국의 철학자이자 수학자인 버트런드 러셀은 〈뉴욕포스트〉와의 인터뷰에서 "우리는 모두 언제나 틀릴 수 있다"는 말을 남겼다. 물론 옳은 소리다. 하지만 이런 말을 삶의 좌우명으로 삼는 사람을 투표로 뽑을 수 있을까? 말이야 좋지만 쉽지 않은 일이다.

러셀의 말은 오히려 사적인 영역에서 유용해 보인다. 죽기 살기로 악착같이 자신을 방어하는 대신 반대 의견 앞에서 열린 자세를 보인다면 한결 생산적인 대화를 이어갈 수 있다. 테이블 저편에 앉은 이들도 자기 목소리를 들어주기를 바라는 만큼, 그런 태도는 인간관계의 질을 한 단계 높여준다.

그리고 신념을 위해 목숨을 바쳤다고 해서 실제로 뭔가가 바뀐 경우는 그다지 흔치 않다. 저항은 효과가 있지만, 자기희생은 글쎄다. 편협한 태도를 벗어던지는 순간 우리는 부단히 자신의 견해를 살피고 고쳐나갈 수 있다. 지금 이 순간에 유효한 사실관계 및 거기서 끌어낸 결론은 언제 어떻게 달라질지 모른다. 과거의 확신에 매달리는 자는 빠르게 외면당하기 십상이다.

버트런드 러셀

그렇다면 모든 의견이 똑같이 중요하고, 그래서 자기 입장을 밝히는 것마저 금해야 한다는 소리일까? 물론 아니다. 어딜 봐도 헛소리이거나 거짓인 주장이 있다. 고려할 가치는 있지만 설득력이 떨어지는 주장도 있다. 러셀의 의도는 끊임없이 자기 생각을 의심하며 불안해하라는 것이 아니다. 자기 의견은 결코 틀리지 않을 거라는 과대망상의 위험성을 늘 의식하라는 것이다.

자신만이 옳다고 고집하는 이는 그에 대한 비싼 대가를 치르기 마련이다. 그런 사람은 어떤 호감도 얻기가 힘들다. 그럼 제멋대로 일을 좌지우지할 수는 있을지 모르지만 어느 누구도 설득시킬 수 없다. 정치 영역에서는 유감스럽게도 그것이 어느 정도 통할지 모른다. 하지만 직장 생활에서는 훨씬 쉽지 않고, 가족 간에는 절대 불가능하다.

공적 토론의 장에서도 이 같은 상황에 관한 변화의 바람이 불 것이라 믿는다. 물론 이 믿음을 위해 목숨을 바칠 생각은 없다. 내가 착각하고 있을지도 모르기 때문이다. 하지만 그것이 아니기를 바랄 뿐이다.

· 이 문장에서 깨달은 것 ·

여유, 자기비판, 긴장 풀기

24

"더 좋은 것은 좋은 것의 적이다."

볼테르

Voltaire

1964~1778

✳

프랑스의 작가, 대표적 계몽사상가.
오늘날《자디그》,《캉디드》등의 철학소설, 역사 작품이 높이 평가된다.

*   어릴 적 어머니를 따라 기이한 쇼핑 여행을 떠나고는 했다. 어머니는 차를 몰고 어느 한적한 교외로 나갔는데, 지금 생각해보니 진귀한 수입 식품을 파는 상점을 방문하기 위해서였다. 그곳에는 바닷가재가 들어 있는 수족관, 굴이 진열된 냉장쇼케이스, 다양한 종류의 커피와 햄 같은 것이 있었다.

어머니는 파르마 햄을 샀다. 저녁 식사가 시작되기 30분 전, 가게에서 사 온 햄을 냉장고에서 꺼냈다. 너무 차갑지 않게 실내 온도에 맞추기 위해서였다. 그래야 햄 가장자리 쪽 지방 부위에서 기름이 흐르며 흐늘흐늘해지기 때문이었다. 나도 햄을 한 조각 얻어먹었다. 하지만 그 미끌거리는 느낌이 싫었고 맛도 이상했다. 세월이 흐르면서 어느덧 식성도 변한 나는 곰팡이균으로 만든 블루치즈를 즐겨 먹을 정도가 되었다. 하지만 여전히 굴은 질색이고, 행복을 느끼기 위해 굳이 바닷가재를 찾지도 않는다.

프랑스 철학자 볼테르로 말하자면 쾌락적이고 화려한 삶을 즐겼던 인물로 유명하다. 따라서 그의 문장은 음식의 질에 관한 것일 수도 있다. 아무튼 앞선 문장은 널리 인용되는 유명한 말이 되었다. 그런데 볼테르의 문장은 불변의 진리라 할 수 있을까?

다음과 같은 장면을 떠올려보자. 먹고 마시기 위해 여러 사람이 모인 자리에서 갑론을박이 벌어진다. 누구에게는 별미인 것이 누구에게는 동물 학대의 대표적 사례로 비치고(푸아그라부터 원숭이 골 요리까지), 또 누구에게는 구역질 나는 음식에 불과하다. 와인의 경우 사정은 더 복잡해진다. '오래된 값비싼 와인을 마셔본 적이 있어요?'라고 누군가가 묻는다. 그러려면 우선 병 라벨에 무엇이 적혀 있고 가격은 얼마나 비싼지 알고 있어야 한다. 와인 문외한이라면 그 씁쓸한 술을 입에 대자마자 당장 쏟아버리고 싶어질 것이다.

그뿐 아니다. 첫째, 모든 음식이 누구에게나 똑같이 맛있을 수는 없다. 어릴 때 파르마 햄이라면 질색이었던 나처럼 말이다. 둘째, 뭐든 인기 순위표 같은 목록에 집어넣을 수는 없는 노릇이다. 셋째, 목록에 들어 있는 것들의 순위를 매기기란 불가능하다. 파르마 햄은 듀록 햄보다 '더 좋은'가? 햄은 날 것이 좋은가, 익힌 것이 좋은가? 비싸고 맛이 없더라도 유기농 식품이 더 좋을까? 사과와 배, 감자 칩과 아이스크림을 비교하면 또 어떤가? 분명한 것은 각각의 가치를 규정하는 수많은 특성이 존재한다는 사실이다. 그중에는 주관적인 것도 포함되어 있다.

볼테르는 어쩌면 세세한 구분을 위해서가 아니라 보편적 차원에서 그런 원칙을 언급한 것이 아닐까? 그는 더 좋은 것이 더 나쁜 것보다 좋다고 말한다. 또 '나쁜 것'에서 '좋은 것'으로 이어지는 연속선상에서 '더 좋은 것'은 '나쁜 것'에서 '좋은 것'으로 향한다는 뜻이다. 그렇다면 '더 좋은 것'은 사실상 좋은 것이 아닌 나쁜 것의 적이 된다.

이런 의미론적 분석은 어째서 이 문장이 우리를 매혹하는지 잘 설명해준다. 따지고 보면 이것은 잘못된 문장이고, 혼란스러우

볼테르

면서 동어반복이기도 하다. 그 의도는 누구나 이해한다. 더 좋은 것이 더 좋다. 하지만 이미 첫 단어에 모든 뜻이 다 들어 있다.

볼테르의 문장은 중의적 표현을 사용한 언어유희도 가능하게 한다. 즉 '좋은 것'을 절대적 의미에서의 좋은 것으로 이해한다면 '더 좋은 것'은 '좋은 것'의 적이 아닌 친구다. 잠깐, 무슨 소리인가? 예를 하나 들어보자. 유럽연합의 '공급망 법'은 비인간적 조건에서의 상품 생산을 금하자는 취지에서 만들어졌다. 물론 좋은 일이다. 관련된 법적 근거가 없었던 이전에 비하면 확실히 더 좋아진 셈이다. 그러므로 '더 좋은 것(새로운 법)'은 '좋은 것(인권)'의 적이 아니고, 오히려 전자가 후자를 보호해주는 것이 된다. 아울러 이 문장을 자본주의적 가속화 논리의 결과물로도 볼 수 있다. 또는 끝없는 완벽주의에 대한 요구, 사실상 과대망상으로 해석할 수도 있다.

아동 교육 분야에서 오래전 입증되었듯이 아이들이 탈 없이 성장하려면 부모는 '그만하면 괜찮은' 정도로만 관여하면 된다. 이 경우 '더 좋은 것'은 '좋은 것의 적'이라기보다는 불필요하게 과도한 요구를 뜻하게 된다. 이 밖에 '좋은 것이 너무 지나친' 경우도 있다. 가령 선진국에서 만연한 비만 현상이 그렇다. 지구의 어느 지역 주민에게는 칼로리 섭취량 증가가 더 좋은 일일지 모르지만 비만에 시달리는 이들에게는 그렇지 않다.

조직심리학 연구에 따르면 인간은 조직 내의 상황 개선을 무조건 '더 좋게' 느끼지만은 않는다. 그 같은 조치가 자신들이 해왔던 기존 행동 방식의 가치를 떨어뜨리기 때문이다. 이 점을 잘 보여주는 사례가 있다. '모든 게 나빴던 것은 아니다!'라며 옛 동독을(또 수십 년 전에는 히틀러 시대를) 옹호하는 이들을 여전히 볼 수 있다. 거꾸로 말하면 이런 뜻이다. 설령 현재가 더 낫다는 점을 인정하더라도 달라진 상황을 정정당당하게 인정하기란 쉽지 않다. 비슷한 경우를 기업의 변화 관리과정에서 흔히 볼 수 있다.

볼테르의 《철학사전》에 나오는 이 문장이 마음에 들었던 첫 번째 이유는 지극히 맞는 말이기 때문이다. 다른 것보다 더 좋게 생각되는 것이 있다면, 그것은 (실제로 가능하다면) 그 다른 것을 몰아낼 것이다. 적어도 내게는 그렇다.

그리고 둘째로, 볼테르가 의도한 것은 아니지만 이 시대에 만연한 무절제 현상이 이 문장에 잘 표현되어 있다. '더 많은 것'이 꼭 '더 좋은 것'은 아니다. 여기에 문제의 핵심이 있다. 볼테르의 문장은 우리의 판단 기준을 성찰할 좋은 기회가 된다.

그러고도 여전히 더 좋다고 판단된다면, 그것을 즐길 수 있게 한다. 이제 나도 가끔씩 파르마 햄을 즐길 수 있는 것처럼 말이다.

· 이 문장에서 깨달은 것 ·

한 가지 기준, 비교 가능성, 거리 두기

볼테르

25

"같은 크기의 건초 더미 사이에서
무엇을 먼저 먹을지 결정하지 못한
당나귀는 굶어 죽는다."

장 뷔리당
Jean Buridan
1300~1358?

✳

유럽에서 코페르니쿠스 혁명의 기반을 닦은 프랑스의 신부.
'뷔리당의 당나귀'라는 사고 실험을 통해 널리 알려졌다.

*   바닐라 아이스크림이냐 초콜릿 아이스크림이냐? 베를린이냐 뮌헨이냐? 이곳에 남느냐 떠나느냐? 우리는 매일같이 최대 2만 건에 이르는 결정을 내린다고 한다. 그중에는 쉬운 결정도 있고 어려운 결정도 있다. 또 결정을 내리지 못할 때도 있다.

식당에서 음식을 주문할 때 하염없이 시간을 지체하는 이들이 있다. 그리고 결국에는 남의 접시를 부러운 눈으로 바라본다. 또 어떤 이들은 인생의 중요한 결정 앞에서 난감해한다. 아이와 주택, 정원이 있는 삶을 선택할까? 아니면 즐길 거리가 넘치는 도시에서 비혼으로 살아갈 것인가? (흔히들 상상하듯 두 가지 대안만 있는 것은 아니라는 점은 별개로 하자.)

나 역시 더 좋은 선택지를 찾아 무한루프에 빠지고는 한다는 점에서 예외가 아니다. 가장 금리가 높은 예금통장은 무엇일까? 완벽한 스마트폰은? 이상적인 식탁 램프는? 이렇게 견주기만 하다가 몇 달 또는—식탁 램프의 경우—몇 년의 시간을 흘려보내기도 한다. 그러는 사이 지금 상황에 대한 불만은 점점 커져만 간다. 이럴 때 도움이 되는 것이 바로 '뷔리당의 당나귀' 이야기다.

그런데 정작 프랑스의 스콜라 철학자 장 뷔리당이 쓴 책에서는 이런 이야기를 찾아볼 수 없다. 그렇다면 왜 그런 명칭이 붙었을까? 나도 모르겠다. 다만 뷔리당은 비슷한 내용을 여러 차례 다른 방식으로 언급한 바 있다. 아무튼 이야기의 요점은 이렇다. 한 당나귀가 두 건초 사이에서 결정을 못 내린 채 망설인다. 그리고 굶어 죽

장 뷔리당

었다. 끝.

페르시아 철학자 알 가잘리 *al-Ghazālī*가 들려주는 사례는 훨씬 매력적으로 들린다. 갈증에 시달리는 한 사내가 있다. 그에게는 똑같이 갈증을 없애주는 두 개의 물잔을 집을 수 있는 선택지가 있다. 두 물잔 중 하나가 더 아름답거나 더 가볍거나 또는 그의 오른손에 더 가깝지 않은 한, 사내는 결국 목이 말라서 죽게 될 것이다.

여기서는 한 가지 중요한 요인을 강조하고 있다. 어느 한쪽의 선택지가 이렇다 할 장점이 없을 때 곤란한 상황이 발생한다는 것이다. 즉 특정한 대상을 선호하기가 힘들 때가 그렇다. 이는 내 앞에 제시된 두 가지 가능성(건초 더미, 물잔, 음식, 도시, 인생 계획 등)이 똑같이 좋아 보이고 똑같이 추구할 가치가 있음을 의미할 수도 있다.

하지만 일반적으로는 이런 뜻에 더 가깝다. 가령 우리가 점심 메뉴나 스마트폰을 고를 때 A와 B 사이에서, 또는 벽을 칠할 때 초록색과 적갈색 페인트를 두고서 고민하지만 실상은 어떤 선택을 해도 괜찮다는 말이다. 거기에는 또 다른 이유도 있다. 남쪽 또는 북쪽으로 이사를 할지, 아니면 인생 계획을 세울 때 보수적으로 또는 모험적으로 접근할지에 상관없이 훗날 어떤 일이 벌어질지는 누구도 알 수 없다. 다들 애써 논리적 근거를 찾지만, 결국에는 동전 던지기로 결정하는 것과 별반 차이가 없다.

앞에서는 두 개의 건초 더미와 물잔을 비유로 들었지만, 세 개 이상의 선택지를 두고도 결정을 못 할 수 있다. TV, 그릴 기구, 자동차, 헤어드라이어, 청소기, 심지어 샴푸를 구매할 때도, 은행 통장을 만들 때나 통신사나 인터넷회사를 정할 때도 마찬가지다. 이와 관련해서 과도한 선택지가 결정의 어려움을 초래하는 과잉선택권 *Overchoice* 효과를 불러일으킨다는 실험 결과도 있다.

굶어 죽은 당나귀가 내게 준 교훈은 무엇일까? 결정을 못 내리고 너무 오래 고민하고, 생각을 도돌이표처럼 반복하며 논리적으로 제자리걸음을 한다면 혹시 그 결정이 실제로 별로 중요하지 않은 것은 아닌지 살펴봐야 한다는 것이다. 원고 마감을 앞둔 경우처럼 다른 신경 쓸 일이 있을 때 이런 일이 자주 벌어진다. 그럴 때면 제아무리 성가신 일이라도 기분 전환을 위해 반갑기 마련이다.

그런 상황에 빠지면 나는 어떻게든 결정을 내리고자 한다. 정 안 되면 실제로 동전 던지기라도 한다. 가끔은 동전이 빙그르르 돌 때 어떤 결과를 원하는지 분명히 깨닫고는 한다. 이어 동전의 앞 또는 뒷면을 보며 '그래, 괜찮아' 또는 '젠장, 내가 원한 게 아닌데'라고 생각하기도 한다. 아무튼 어떤 결과가 나오든 이 같은 과정을 통해 다시금 무언가를 할 수 있는 상태가 된다.

또 예측하기 힘든 미래 때문에 판단이 힘들어질 때마다 결정을 어렵게 만드는 걱정(또는 희망)이 무엇인지 알아내려고 애쓴다. 다시 말해 진짜 원인을 캐묻는 것이다. 그것도 여의치 않으면 다음 단계로 내 직감에 귀를 기울인다. 설령 그 직감이 (매번 그 대상이 무엇이 되든) '과감한 선택지'를 선호하더라도 말이다. 어차피 누구도 뭐

장 뷔리당

가 더 좋다고 말해줄 수 없다면 내가 하고 싶은 대로 한들 누가 뭐라고 하겠는가.

뷔리당의 당나귀는 똑같이 맛있어 보이는 두 개의 건초더미가 어쩌면 서로 맛이 다를 수도 있다는 위험을 떠안고 살아가야만 했다. 어쩌면 한쪽에는 초콜릿이 감춰져 있을지도 모른다(이것은 당나귀보다는 내 희망 사항일 것이다). 물론 당나귀가 그 사실을 알 턱이 없는데다, 또 굶어 죽기보다 초콜릿을 먹는 것이 꼭 더 나은 일이라고 할 수도 없을 것이다.

참, 그리고 내가 이같이 결정을 못 해 시달리는 사람을 만났다고 해보자. 경험상 그에게 손가락질하며 '뷔리당의 당나귀'라고 외치는 것은 별 도움이 못 된다. 그래서 깨달은 사실이 있다. 뜻하지 않게 찾아온 그 조용한 순간을 즐기면서 이해심을 갖고 타인의 곤란한 상황을 견디는 편이 더 낫다는 것이다. 마찬가지로 나에게 동전 던지기로도 결정을 내리지 못하는 상황이 찾아올 경우에도 똑같은 인내심을 가지려고 노력한다.

· 이 문장에서 깨달은 것 ·

결정의 자유, 선택지, 마음대로 행동할 용기

26

"존재로부터 당위를 이끌어낼 수 없다."

데이비드 흄

David Hume

1711~1776

✳

스코틀랜드 출신의 철학자, 경제학자, 역사가.
서양 철학과 스코틀랜드 계몽주의와 관련해 손꼽히는 인물이다.

*   지난 몇 년 사이 토크쇼의 단골 주제로 '나이에 상관없이 남자들은 원래 그런가?'라는 질문이 떠올랐다. 이 말이 사실이라면 우리가 할 수 있는 일은 아무것도 없다. 남성의 성적 공격으로부터 자신을 지키기 위해 여성들은 포대 같은 옷을 입거나 아예 집 밖으로 나오지 않는 수밖에 없다.

이 같은 시각에서 보면 원인은 남성에게 있지만 해법은 여성 쪽에서 찾게 된다. '어쩔 수 없다'는 논리는 (잠재적) 희생자에게 책임을 떠넘긴다. 그렇다면 '어쩔 수 없다'는 주장은 얼마나 신뢰할 만한가? 지금 '그런' 상태는 앞으로도 계속 같은 상태로 있어야 할까?

자연이 존재하므로 자연은 보호할 가치가 있다고 수많은 환경운동가가 주장한다. 방이 어지럽혀져 있으므로 방을 청소해야 한다. 자연에서는 강자만이 살아남기에 약자는 죽어도 상관없다. 하지만 어떤 것이 지금과 같은 상태에 있다는 이유만으로 계속 그 상태로 있어야 하는 것은 아니다. 지금보다 더 나은 상태도 있을 수 있다. 또 현재 주어진 상황이 도덕적으로 부적절한 경우도 있다.

영국 철학자 데이비드 흄은 저서 《인간 본성에 관한 논고》에서 이 점을 지적했다. 흄은 실제로 존재하는 것, 즉 어떤 것이 어떤 상태로 있다는 것은 '서술적 진술'이라고 말한다. 반면 어떤 것이 어떤 상태로 있어야 한다는 것은 '규범적 진술'이다. 이런 요구를 하려면 근거가 필요한데, '어쩔 수 없다'는 것은 근거가 될 수 없다. 이와 달리 '~라는 이유에서 그것은 더 좋다'는 하나의 근거가 된다. 다시 말해 사실이나 자연법칙, 특히 전통('늘 그렇게 해왔기에 문제가 없고 옳을 것이다')은 무엇이 어떠해야 한다는 주장의 근거가 될 수 없다.

그 대신 '소거법 *elimination method*' 같은 방법을 사용해 규범적 주장을 입증하는 논리적 규칙이 다수 존재한다. 예를 들어, 독일 기본법 제1조의 "인간의 존엄성은 침해되지 아니한다"는 규정을 살펴보자. 이는 도덕적 인식을 법률적 형식에 담은 경우인데, 가령 이런 논리로 접근해볼 수 있다. 그 존엄성이 협상의 대상이 될 수 있는 부류의 사람들이 있을까? 그렇다면 그들은 어떤 사람이고, 그 이유는 무엇일까? 아무도 떠오르는 사람이 없다면 (또는 적절한 근거를 제시할 수 없다면) 남은 결론은 한 가지다. 인간은 '누구나' 존엄성을 침해받지 않는다. 현재 그러하고, 그렇게 유지되는 것이 최선이기 때문이 아니라 비록 이 순간 아직은 어디서나 늘 그렇지 않음에도 불구하고 그래야 하기 때문이다. 그러므로 얼마든지 지금 있는 것을 뛰어넘어 당위적 요구를 할 수 있는 것이다.

이와 관련해 흄이 우선 지적한 것은 서술적 진술에서 규범적 요구로 슬그머니 논리를 비약하는 사례다. 이보다 더 광범위한 것으로 이른바 '사실과 당위의 문제 *Is-ought problem*'(또는 '자연주의적 오류'라고도 함)가 있다. 흄이 논리 구조에 주목했다면, 자연주의적 오류는 말의 의미를 따지는 의미론과 연관이 있다.

한때 유행하던 "나는 지금 있는 모습 그대로 존재할 거야" 같은 광고 문구나 "나는 원래 그래"처럼 연인 관계에서 다툴 때 자주 쓰이는 말들은 모두 이런 논리에 따른 것이다. 그것은 아주 편리한 사고방식이기에 흔히 그럴듯하게 들린다. 내가 숲을 좋아하면 숲은 보존할 가치가 있다. 다수가 부를 추구하고, 나도 사람이므로 나 역시 부를 추구해야 한다는 식이다.

물론 변화를 바라지 않을 때는 그럴 만한 타당한 이유가 있을 수 있다. 이를테면 나무를 베고 숲을 개간하고 곤충을 박멸하는 것은 환경과 인간 모두에게 나쁜 결과를 가져다준다. 이는 검증 가능한 과학적 주장이다.

인류의 지속 가능한, 행복한 삶을 원한다면 그에 필요한 규칙을 지키고 대책을 마련해야 한다. 이는 도덕적인 조건부 *if-then* 요구에 해당한다. 마찬가지로 공상과학 소설에서 흔히 볼 수 있듯이 인류의 소멸이 지구를 위해 더 나은 길이라고 주장할 수도 있을 것이다. 역시 여기에도 조건부 요구가 뒤따른다. 하지만 이 두 가지 경우 모두 현재 존재하는 것으로부터 세계가 어떤 상태여야 하는지에 관한 당위명제가 도출되지는 않는다.

존재에서 당위를 이끌어낼 수 있다면 고양이가 먹잇감을 갖고 죽을 때까지 장난치거나 인간이 암으로 죽는 것도 도덕적으로는 최상의 상황이라 할 수 있을 것이다. 이런 유형의 논증은 특히 강자의 권리를 정당화하는 데 자주 사용된다. 이성 간에는 여성보다 힘이 센 남성이 결정권을 가져야 한다. 인류는 예전부터 육식을 해왔기에 앞으로도 구애받지 않고 육식을 이어가도 상관없다. 일단 공포된 법률은 모두가 준수해야 한다. 최근 에너지 수요가 늘고 있기 때문에 앞으로도 더 많은 에너지를 생산해야 한다. 남성들은 욕구를 억제하기 힘든 탓에(그 자체로 이미 무모한 주장이지만) 여성들은 이를 받아들이는 법을 배워야 한다. 비슷한 예는 끝이 없다.

경험칙에 비춰볼 때 누군가 현재의 상태를 고수하고자 할 때마다 '사실 – 당위 오류'가 발생하고는 한다. 물론 그렇다고 어떤 사안을 지금처럼 유지하자는 주장에 대한 타당한 논거가 있을 수 없다는 말은 아니다. 설령 누군가 그것을 굳이 거론하지 않더라도 근거는 충분히 존재할 수 있다. 따라서 자연주의적 오류를 내세워 반박하더라도 그 같은 입장을 완전히 무력화시키지는 못한다. 단지 좀 더 세심하게 사안을 살펴보도록 하는 역할을 할 수 있을 뿐이다.

예를 하나 들어보자. 정치학자이자 활동가인 에밀리아 로이그*Emilia Roig*는 결혼이 가부장적 문화에서 유래한 제도라고 주장한다. 이런 정신은 지금까지도 이성애 중심의 혼인제도 전체에 감돌고 있고 여성들의 자유를 억압한다. 즉 여성이 남성의 소유물이라는 관념은 지금도 힘을 발휘하고 있다는 것이다. 어쨌거나 흥미로운 생각이다. 이 오래된 가설을 새롭게 해석해 받아들이는 것이 가능할까? 그만한 노력의 가치가 있을까? 아니면 '늘 그렇게 해왔어'라는 사고방식에서 벗어나 결혼만큼 구속력을 지닌 새로운 형태의 남녀관계를 시도해보는 것이 더 나은 길은 아닐까?

분명한 것은, 지금 그렇기 때문에 앞으로도 계속 그래야 하는

데이비드 흄

것은 아무것도 없다는 사실이다. 바꿔 말하면 이렇다. 더 나은 선택지를 찾는 일은 그만한 노력의 가치가 있고 논리적으로도 불가피하다.

논증상의 거리 두기, 규범적 자유

50 philosophische Erkenntnisse,

die das Leben leichter machen

3부

인생의 의미를 찾아가는 철학

27

"놀이는 현전의 파열이다."

자크 데리다
Jacques Derrida
1930~2004

✳

스코틀랜드 출신의 철학자, 경제학자, 역사가.
서양 철학과 스코틀랜드 계몽주의와 관련해 손꼽히는 인물이다.

＊　　　　아이들은 놀이를 좋아한다. 인간만이 아니라 어린 원숭이나 사자, 강아지도 놀이를 좋아한다. 일부 새와 파충류, 심지어 물고기에게서도 그런 모습을 볼 수 있다. 이 같은 놀이를 통해 세상이 돌아가는 방식을 습득하는데, 거기에는 자연법칙뿐 아니라 사회 규칙도 포함된다.

놀이는 어른들에게도 권장된다. 특별한 목적이 없어 보이지만 큰 즐거움을 주는 활동은 삶의 배터리를 재충전시켜주는 최고의 기회다. 가족이나 친구와 함께하는 놀이 활동은 그 관계를 더욱 돈독히 해준다.

물론 인생에서 한창 바쁜 시기인 20대 중반에서 40대 중반까지는 놀이에 시간을 내기가 쉽지 않다. 게다가 처음에는 실행력이 필요하다. 피로에 찌들고 스트레스로 가득한 삶에서 어떻게 그런 힘을 낼 수 있을까?

한 가지 방법은 일정한 시간을 정해놓고 하는 것이다. 너무 무리하지 않고 적당히 즐길 수 있는 단체 운동, 카드놀이나 보드게임 같은 것도 좋다. 컴퓨터게임이나 콘솔게임도 비슷한 장점이 있다.

놀이가 유용한 까닭은 '지금 여기'에 몰두할 수밖에 없기 때문이다. 한 시간 동안 축구공을 찬 뒤 나머지 경기를 모레 오후로 미루기란 쉽지 않다. 보드게임에서 목표 지점을 눈앞에 둔 채 다음 날 게임을 다시 이어가려고 밤새 게임 판을 그대로 놔두는 사람은 아마 없을 것이다.

자크 데리다

163

자크 데리다는 「인문과학 담론에서의 구조, 기호, 그리고 놀이」라는 논문에서 이 같은 무시간성을 "현전의 파열"이라고 불렀다. 심리학에서는 이를 '몰입 flow' 체험이라 부를 것이다. 즉 현재 일에 몰두한 나머지 시공간의 제약마저 뛰어넘는 상태를 말한다.

데리다는 평생을 '해체'라는 주제와 씨름했다. 언어를 통해 권력관계를 분석하는 데 애썼던 그는 이렇게 주장한다. 세계에 대한 우리의 이해는 사후에 세계를 어떻게 언어로 서술하는지에 달려 있다. 사용하는 언어가 달라지면 세계에 대한 이해도 달라진다.

이 같은 효과는 다양한 방식으로 관찰된다. 예컨대 특정 단어가 욕설로도 사용된다는 이유로 다른 단어로 대체되면, 그것이 지칭하던 대상을 바라보는 우리의 시각도 시간의 흐름과 함께 변하는 경우가 있다. 한마디로 우리 사고와 언어 뒤에 숨은 그 같은 암묵적 조건들을 드러내 보이는 것이 데리다의 목표였다.

데리다는 '개'가 무엇을 뜻하는지는 누구나 잘 알고 있지만 그 동물이 '개'라는 개념과는 아무 관계가 없음을 지적한다. 얼마든지 다른 명칭을 사용할 수 있는데, '개'라는 단어로 다른 대상을 지시할 수도 있는 것이다.

더 중요한 사실은, 어떤 것을 지시하는 단어가 있다고 해서 그 대상이 (그와 같이) 존재한다는 뜻은 아니다. 언어는 변할 수 있고, 또 늘 변한다. 예컨대 독일어 'geil'은 원래 '무성하다'라는 뜻의 생물학 용어였는데, 나중에는 '멋지다'라는 의미로 젊은이들이 쓰는 말로 바뀌었다. 지금은 50대 이상에서만 그 단어를 사용한다. 또 '선악', '미추', '남녀' 같은 이른바 대립하는 개념들도 실제로 이와 같이 존재하는 것이 아니라 우리가 말하는 방식이 그러할 뿐이다.

해체주의*Deconstructionism*를 비판하는 이들은 자기 반영적이고*self-reflexive* 순환론적인 성격을 지적하며 새로운 인식이 불가능함을 지적한다. 나는 꼭 그렇게 보지만은 않는다. 물론 해체주의가 진지한 시도임에도 불구하고 유희적 요소를 담고 있는 것도 사실이다. 단어들이 명확한 의미를 지니는 것이 아니라 임의로 새로운 의미를 부여받을 수 있다는 것은 무슨 뜻일까? 결국 인간의 의사소통 행위가 다 함께 정하는 경기 규칙의 지배를 받는다는 말이다.

물론 놀이에 관한 데리다의 문장이 그의 저작의 핵심 명제는 아니다. 하지만 그것은 놀랍도록 인간적이면서 실용적인 주장이다. 이상적인 경우 우리는 놀이 속에서 해체주의 철학이 언급하는 온갖 문제를 피해 갈 수 있기 때문이다.

우리는 자유롭고, 우주비행사처럼 무중력 상태에서 부유하며, 우리를 둘러싼 세상에서 새로운 길을 모색한다. 놀이 속에서 규칙들이 재해석되고 조정되고 새롭게 창조된다. 놀이 속에서 현실과의 연관성은 확정되어 있지 않고 진지함을 벗어던진 채 실험적인 성격을 띤다.

데리다가 익살스러운 사람이었다는 말은 전해지지 않는다. 오히려 자기 일을 매우 진지하게 여겼던 인물이다. 게다가 데리다 연

자크 데리다

구자들도 레크리에이션 지도자로는 영 어울리지 않을 것이다. 그러니 이렇게 생각해보자. 데리다 같은 철학자조차 놀이를 시간의 흐름에서 잠시나마 벗어날 기회로 보았다면, 거기에는 중요한 진실이 담겨 있을 것이다.

나는 데리다의 인식에 고무되어 (다시) 더 자주 놀이를 즐기고, 아무 근거 없이 심각하게 받아들였던 일들을 좀 더 가볍게 대하게 되었다. 조금은 마음을 가벼이 하고, 잠시라도 즐거운 휴식을 갖는 것이다. 다른 사람들과 함께라면 더욱더 좋다. 처음에는 힘이 들겠지만 나중에는 그보다 더 많은 에너지를 선물로 보답받게 될 것이다.

· 이 문장에서 깨달은 것 ·
자유!
자신에게 기꺼이 놀이를 허락하기,
휴식, 공동체, 즐거움

인생의 의미를 찾아가는 철학

28

"나는 생각한다.
그러므로 나는 존재한다."

르네 데카르트
René Descartes
1596~1650

✳

프랑스의 철학자, 수학자, 과학자. 근대 철학의 아버지이자
해석기하학의 창시자로 불리며, 합리론의 대표주자이다.

*   "나는 생각한다. 그러므로 나는 존재한다." 모르는 사람이 없을 정도로 유명한 이 문장에는 딱히 시비 걸 만한 구석이 없다. 그렇다 하더라도 어쩌면 힐러리 퍼트넘 Hilary Putnam 같은 철학자가 등장해 이렇게 물을지도 모른다. "우리는 통 속에 들어 있는 뇌에 불과하며, 그 뇌가 전기 자극을 받아 현실 세계를 믿고 있는 것은 아닐까?" 이제 할리우드 영화사가 뛰어들어 이 가설을 바탕으로 〈매트릭스〉 4부작을 제작한다. 그런데 진지하게 물어보자. 이런 주장을 입증할 근거가 있는가?

이제 거꾸로 그 반대의 경우가 입증되었을 때 데카르트의 《방법서설》에 나오는 이 유명한 문장은 반증이 가능할까? 그렇지 않다. 따라서 데카르트의 문장은 실제 삶에 유용하지 않다. '나는 생각하지 않는다. 그러므로 존재하지 않는다.' 또는 '나는 내가 생각한다는 것을 생각할 뿐이지만 존재하지 않는다'. 물론 이 두 경우를 배제할 수는 없지만, 그래서 어쨌다는 말인가? 그러니 생각하므로 존재한다고 믿는 것이 더 나은 선택인 것 같다.

새로운 철학을 시도한 데카르트는 기존 사고에서 벗어나 우리가 생각한다는 사실로부터 자신의 존재를 추론할 수 있어야 한다고 주장했다. 데카르트가 내린 결론 중에 많은 것은 이제 낡은 것이 되었다. 그는 뇌를 포함한 신체는 순수하게 기계처럼 작동한다고 믿었다. 뇌는 신경에 기체화한 혈액을 불어넣어 움직임을 생성한다. 그럼 인간은 일종의 꼭두각시 같은 존재가 된다. 더 심각한 문제는 따로 있다. 뇌가 기계처럼 작동한다면 영혼은 어디에 있다는 말인가? 생각은 어디에서 오고, 우리는 어떻게 자유의지를 가질 수 있는가?

이에 관한 논의는 지금도 여러 분야의 전문가에 의해 활발히 진행 중이다. 많은 신경과학자가 우리 뇌의 전반적인 기능이 생화학적 반응과 다름없다고 주장한다. 그런 만큼 그 반응은 ─당구공이 굴러가는 움직임이나 시험관 속 반응처럼 ─정확히 측정하기만 하면 100퍼센트 예측 가능하다는 것이다.

이것이 바로 심신 이원론이라 불리는 논쟁이다. 나 역시 이에 대한 최종적인 답을 알지는 못한다. 내가 이 책에서 데카르트의 문장을 소개한 이유는 두 가지다. 첫째, 많은 독자가 이 유명한 문장이 차례에서 빠져 있으면 섭섭할 것 같아서다. 둘째, 정신을 번쩍 들게 하는 무언가가 들어 있기 때문이다. 이 주장의 핵심은 생각이 아니라 존재에 있다.

데카르트가 말하고자 한 것은 모든 사람이 생각한다는 것이 아니었다. 그보다는 우리가 생각한다는 ─감각을 느끼고 이를 성찰할 줄 알고 깊은 자기 이해에 도달한다는 ─사실로부터 우리가 존재한다는 사실을 도출할 수 있다는 것을 말하고 싶었던 것이다. 이 존재는 우리가 태어날 때 선물로 받은 것이며, 각자가 최선을 다해 자기가 원하는 삶을 만들어갈 수 있는 바탕이 된다.

물론 생각하는 것은 존재를 가능하게 하는 전제조건은 아니

르네 데카르트

다. 나무는 생각하지 않지만 세상에 어엿이 존재한다. 나무는 그런 사실에 대해 성찰할 능력이 없고 자신이 존재한다는 것을 알지도 못한다.

데카르트의 깨달음이 주는 위대한 선물은 '나는 존재한다'는 사실이다. 나무나 여우와 똑같이 나는 존재하는 것이다. 나는 여기 이렇게 있다. 그렇다. 게다가 내가 그 사실을 안다는 것은 또 얼마나 좋은 일인가.

그런데 무엇보다 중요한 것은 내가 지금 이대로의 모습으로 있어도 괜찮다는 사실이다. 어차피 지금과 다를 수가 없기 때문이다. 지금 이 순간의 내 모습이 현재 내가 세상에 존재하는 모습이기 때문이다. 얼핏 들으면 별소리 아닌 것 같지만, 이런 깨달음을 통해 우리는 철저히 자기 자신을 받아들이게 된다.

우리가 하고자 하는 모든 일은 우리가 지금 서 있는 곳에서부터 시작된다. 그렇게 나는 생각한다.

· 이 문장에서 깨달은 것 ·

자신을 있는 그대로 받아들이기, 존재의 기쁨

29

"삶은 뒤돌아보아야 이해할 수 있지만,
우리는 앞을 향해 살아가야 한다."

쇠렌 키르케고르

Søren Kierkegaard

1813~1855

✳

덴마크의 철학자. 아르투어 쇼펜하우어, 프리드리히 니체 등과 함께
실존주의의 선구자로 불린다.

✳   대체 무슨 일이지? 왜 나한테 그런 일이 일어날까? 왜 하
필 지금일까? 앞으로 어떻게 될까? 우리는 이런 질문을 끊임없이
던진다. 식구들이 모여 저녁을 먹는 자리에서도 이런 소리가 심심
치 않게 들리고는 한다. 또 집에 손님이 찾아올 때면 어떤 문제 혹은
사건을 두고 "거기에도 뭔가 유익한 점이 있지 않을까?" 같은 질문
을 던지며 한바탕 토론을 벌이기도 한다.

　이런 태도는 '위기는 기회'라는 생각의 또 다른 형태다. 그런
데 나는 이런 태도에 동의하지는 않는다. 물론 위기가 기회로 바뀔
수 있지만 꼭 그렇지만은 않다. 덧붙여 모든 일에 반드시 유익한 면
이 있는 것은 아니라고 말하고 싶다. 그런 것도 있고 아닌 것도 있
다. 다시 말해 삶은 인과관계에 따라 미리 정해져 있지 않고, 무조건
A에 B가 뒤따르는 것은 아니라는 것이 내 생각이다.

　동시에 인간은 자기 삶에 '의미'를 부여하려는 경향이 있다.
그 의미가 무엇이든 간에, '의미'라는 개념을 어떻게 주관적으로 받
아들이든 간에 말이다. 삶이 '의미 있다'고 느끼는 사람은 더 행복하
고 더 오래 살 가능성이 크다. 이 경우 '의미'란 크고 위대한 것 또는
더 나은 세상을 위한 헌신, 아니면 적어도 세상의 악에 맞서는 것일
수 있다. 또 부모, 자녀, 배우자, 이웃 등 주변 사람과의 소소한 교류
에서 그 의미를 찾을 수도 있다. 자기 직업이 여러 사람에게 도움을
주거나 우리가 하는 일이 즐겁고 자기 자신에게 중요하다고 여겨질
때도 의미를 느낀다.

그렇다면 최대한 인생 초반에 적절한 결정을 내리고 그 뒤로
는 삶을 즐기는 것이 최선의 길이 아닐까? 하지만 이는 불가능한 일
이다. 덴마크 철학자 쇠렌 키르케고르는 그 이유를 정확히 말해준
다. 우리는 뒤를 돌아볼 때 비로소 삶의 중요한 맥락을 알 수 있기
때문이다. 즉 나중에서야 무슨 일이 있었는지를 '이해'한다.

　　하지만 삶을 살기 위해서는 앞으로 나아갈 수밖에 없다. 어떤
결과를 초래할지 모른 채 계속해서 결정을 내려야만 한다. 특히 여
러 사람을 만나며 이러한 교류가 어떤 결과로 이어질지는 한참 뒤
에야 밝혀진다. 우리가 도움을 준 사람은 누구이고 그렇지 못한 사
람은 누구인가? 누구와 친밀한 관계를 맺었고 누구와 소원한 관계
에 있었는가? 결국 우리는 어떤 사람들과 관계를 유지하고, 어떤 깨
달음과 루틴을 지켜왔는가? 그리고 작별한 것은 무엇인가?

　　1927년 마르틴 하이데거 *Martin Heidegger*의 《존재와 시간》에
서도 비슷한 생각이 등장한다. 하이데거에 따르면 인간은 "죽음을
향해" 나아가는 삶을 살고 있다. 죽음은 삶의 종착점이지 (10킬로미
터 달리기의 도착점에서 환호성이 터지는 것처럼) 삶의 정점은 아니다. 이
를 잘 아는 인간은 죽는 순간까지 자신이 하고자 하는 일을 완수할
수 있게 삶을 꾸려가고자 한다. 이런 인식은 할리우드 영화와 소셜
미디어의 단골 주제인 '버킷 리스트'를 통해서도 잘 드러난다.

　　우리가 아무리 애를 써도 앞날을 환히 내다볼 수는 없다. 그런
노력이 삶에 어느 정도 영향을 미칠 수는 있지만 계획한 것과 전혀

쇠렌 키르케고르

173

다른 결과를 맞이할 수도 있다. 게다가 도중에 끊임없이 목표를 수정하기도 한다.

우리는 사는 동안 시간을 최대한 효율적으로 사용하려 하지만, 그것이 성공했는지는 나중에 뒤를 돌아보아야 비로소 알 수 있다. 또 '어떻게' 성공했는지, 우리 삶이 무엇으로 채워졌는지도 훗날 되돌아보면서 비로소 말할 수 있다.

간단한 테스트로 이 점을 확인해보자. 당신의 지난 10년을 돌이켜보자. 그렇게 흘러갈 것이라고 '정확히' 상상했는가? 당신에게 중요했던 것들, 당신이 시간을 바쳤던 일과 사람들을 똑같이 예상할 수 있었는가? 지난 10년의 세월을 주제별로 나누어보자. 과연 당신은 그것을 예상했는가? 물론 아닐 것이다.

힌두교의 지혜를 모아놓은 고전 《바가바드 기타》에서는 이렇게 말한다. "그대가 할 일은 오직 해야 할 일을 하는 것이다. 행위의 결과는 그대가 관여할 부분이 아니다. 행위의 결과를 그대의 동기로 삼아서는 안 된다. 그렇다고 행위를 피해서도 안 된다."(제2장 47절)

이런 가르침은 칸트의 덕 윤리 또는 공리주의와 충돌하는 것이다. 공리주의에서 행위는 그 결과에 따라 평가된다. 결과를 어느 정도 예측할 수 없다면 어떻게 결정을 내릴 수 있다는 말인가? 반면 칸트는 오직 의도에 따라 행위를 평가했다. 하지만 좋은 의도가 좋은 결과로 이어지지 않는 경우도 있다. 이때 그런 희생을 치르고 무엇을 얻을 수 있다는 말인가?

키르케고르가 일기에 다음과 같이 썼을 때는 그 정도까지 생각하지 않았던 것 같다. "인생은 뒤돌아보아야 이해될 수 있다고 철학이 말할 때 그것은 전적으로 옳다. 하지만 그러면서 삶은 앞을 향해 살아가야 한다는 또 다른 문장은 잊고 있다." 이는 결코 인과관계를 무시한다는 뜻이 아니다. 다만 하나의 전체적인 윤곽은—전체적인 큰 그림에 대한 이해는—나중에 가서야 모습을 드러낸다는 점을 강조한 것뿐이다.

이것이 내게 주는 의미는 다음과 같다. 내가 세상에 남길 유산을 미리 확정 짓고자 한다면 이는 거만한 짓이다. 우리는 최선을 다해야 하고, 하는 일에 즐거움을 느낀다면 금상첨화다. 결과는 나중에 저절로 드러날 것이다. 그리고 그 결과를 겸허히 받아들이자. 그 순간 되돌아보는 삶은 우리가 살아낸 삶이기 때문이다. 우리는 한 편의 이야기를 쓴 작가와 같다. 그 이야기의 의미는—그 일이 가능하다면—마지막에 비로소 이해할 수 있을 것이다.

· 이 문장에서 깨달은 것 ·

겸허함, 결정의 자유, 희망

쇠렌 키르케고르

30

"자녀가 부모에게
갚을 빚이란 없다."

바르바라 블라이슈
Barbara Bleisch
1973~

✳

스위스와 독일 대중이 사랑한 철학자이자 언론인.
2020년《스위스 저널리스트》의 '사회 부문 올해의 저널리스트'로 선정되었다.

＊　　"언제 또 올 거니?" 이렇게 묻는 부모의 말에는 그리움은 물론이고 비난의 감정도 섞여 있다. 어떤 집은 훨씬 사정이 심각하다. 부모가 자식과 그 배우자를 이간질하고, 용돈의 액수를 무기 삼아 자식들을 조종하기도 한다. 30~40대, 심지어 50대에 접어든 성인들도 어린 시절로 돌아간 듯 부모에게 무조건 복종한다.

왜 그럴까? 부모에게 갚을 빚이 있기 때문이다. 그들은 그렇게 믿는다. 부모는 그들에게 생명을 '선물했다'. 멋진 말이다. 또 20여 년간 길러주고 보살펴주었다. 오늘날에는 그 기간이 좀 더 길어지기도 하지만. 그러니 나중에 부모님 집의 잔디를 깎아주고, 일요일마다 함께 식사하고, 자녀 교육에 관한 부모의 '조언'을 고분고분 따르고, 부모의 적은 연금에 돈을 보태드리는 것도 당연하다. 게다가 부모가 돌봄이 필요한 시점이 오면 직접 그 일을 떠맡는 것은 최고의 미덕으로 여겨진다. 그러지 않으면 주위에서 이런 소리를 듣게 된다. "정말이야? 엄마를 요양원에 보냈어? 나라면 절대 그렇게 못해!" 이런 경우 성인이 된 자녀는 젖먹이 자식을 유치원에 보낼 때보다 더 큰 비난을 먼 지인들한테까지 받고는 한다.

그런데 자기를 길러준 데 대해 자식이 보답해야 한다는 생각은 과연 타당할까? 이와 관련해 초자연적 현상을 믿는 자들의 말을 들어보자. 그들은 우리가 어떠한 우주적 힘을 빌려 앞으로 태어날 가정과 삶에서의 임무를 직접 선택했다고 주장한다. 따라서 부모의 학대를 받은 아이들은 애초에 선택을 잘못한 것이므로 스스로에게

바르바라 블라이슈

177

책임이 있다는 것이다. 이 괴상한 주장에 대해서는 반박도 입증도 불가능하다. 그러므로 그것은 과학이 아닌 믿음의 영역에 속한다 (칼 포퍼 이후로 반증 가능성은 과학적 가설을 구분하는 특징이다).

내가 신앙과 다름없는 이런 입장을 언급하는 까닭은 그것이 토론할 만한 가치가 있어서가 아니다. 그보다는 많은 사람이 자기 가족을 어떤 태도로 대하는지 감정적 차원에서 훌륭하게 보여주기 때문이다. 이 경우 핵심은 '어쩔 도리가 없다면 참고 끝까지 갈 수밖에 없다'는 것이다. 이런 사람들은 대개 '스스로 가정을 택할 수 없다'는 정반대의 입장을 통해 동일한 결론에 이르기도 한다. 즉 '피는 물보다 진하다'.

이 대목에서 스위스 철학자 바르바라 블라이슈가 등장한다. 어머니이자 누군가의 딸이기도 한 그녀는 '왜 우리는 부모에게 갚을 빚이 없는가'에 관해 같은 제목의 책에서 설명한다. 그러면서 성인 자녀는 부모에게 많은 빚을 지고 있다는 견해를 지닌 아리스토텔레스나 토마스 아퀴나스_Thomas Aquinas_ 같은 철학자들을 반박한다. 이들의 주장에는 자식을 보살펴준 부모는 재정적으로나 정서적으로 말하자면 '선지급'을 한 것이라는 논리가 깔려 있다.

이에 관해 블라이슈는 다음과 같이 논박한다. 첫째, 누구도 이 세상에 태어나게 해달라고 요청한 적이 없다. 이런 의미에서 부모의 '선지급'은 우리가 직접 고르지 않은 소파를 위해 마음대로 은행 대출을 받은 것이나 마찬가지다. 둘째, 부모는 자녀를 키우는 일이 매우 수고스럽고 비용이 많이 든다는 사실을 미리 알고 있었다. 셋째, 부모가 된다는 것은 노후 준비와는 무관한 일이다. 부모라는 자체가 헌신에 관한 보상이다. 아이들과 함께하는 시간이 기쁨을 주고 보람을 느끼게 하기 때문이다. 이렇게 생각하면 자녀가 독립된 삶을 시작하는 순간 부모와 자식 간에는 아무런 빚이 없게 된다.

그렇다면 블라이슈는 세대 간 관계를 단절하라고 주장하는 것일까? 그렇지 않다. 다만 채무로 엮인 관계가 결코 편안할 수 없음을 지적할 뿐이다. 물론 부모와 자녀가 서로 깊은 애정을 느끼고 있다면 더없이 좋은 일이다. 사랑으로 맺어진 이 같은 관계로부터 서로 도와주는 관계가 형성될 수 있다. 하지만 이것은 자발적 조력이기에 이에 대한 도덕적 요구는 따르지 않는다. (법률적 관점에서는 다소 사정이 다르다. 법적으로만 따지자면 일정 소득이 있는 자녀는 적절한 범위에서 부모를 재정적으로 책임질 의무가 있다.)

블라이슈는 오스트레일리아 철학자 사이먼 켈러 *Simon Keller* 의 말을 인용해 '보편적 재화 *generic goods*'와 '특수 재화 *special goods*'를 구분한다. 일상적 돌봄, 요리, 빨래, 옷 입히기 등은 보편적 재화라 할 수 있는데, 이런 일들은 누가 하든 상관없다. 보편적 재화는 별문제 없이 전문 서비스 업체에 맡길 수 있다.

반면 가족끼리는 함께 모여 추억하기, 좋아하는 케이크 굽기, 크리스마스트리 장식하기 등과 같은 특수 재화를 위해 시간을 할애해야 한다. 이런 일들은 가족 내 유대감을 확인하고 유지하는 데 도움이 된다. 그러므로 여기서는 행위의 주체가 누구인지가 중요하다.

게다가 가족이 돌봄을 책임진다면 돌봄을 받는 쪽에서도 부담을 느낄 수 있다. 노골적으로 표현하자면 자식들이 자기 기저귀를 갈아주는 것을 싫어하는 노인들이 훨씬 많다. 오래전 스스로 자식들을 위해 그렇게 해줬다 하더라도 말이다.

부모는 우리가 선택할 수도, 되돌릴 수도 없는 몇 안 되는 관계 중 하나다. 전前 어머니, 전前 아버지는 존재하지 않는다. 이 같은 유일무이한 관계 속에서 오랫동안 함께 살아온 결과 긴밀한 정서적 관계가 맺어진다. 그럼에도 다소 거리를 두고 주변에서 요구하는 태도는 물론 자기 자신의 태도를 이성적으로 살펴볼 필요가 있다.

'남들도 다 그렇게 하기에' 애써 불만을 참거나 탈진할 정도로 무리해서 부모를 돌본다면 그 후유증은 결코 가볍지 않다. 심지어 기존의 관계와 아름다웠던 추억, 자신의 건강마저 해칠 수 있다. 자식을 아끼는 부모라면, 비록 거기 담긴 보답의 원리를 분명하게 이해하지는 못할지라도, 이런 식으로 빚을 갚는 것은 원치 않을 것이다.

그럼 이제 우리 모두 편하게 휴가를 떠나도 좋다는 말일까? 이제는 부모가 자신을 돌봐줄 사람을 스스로 찾아 나서야 한다니 말이다. 꼭 그렇지만은 않다. 부모와 연락을 끊거나 거리를 두고 지낼 때는 나름의 이유가 있을 것이다. 하지만 그렇다 하더라도 역시 큰 대가가 따르기 마련이다.

블라이슈는 각 세대가 오직 다음 세대를 위해서만 헌신해야 한다고 주장하지는 않는다(미국에서는 이에 대해 '페이 잇 포워드*pay it forward*'라는 표현을 쓴다. '내가 받은 도움을 다른 이에게 베푼다'는 뜻이다). 단지 빚을 갚아야 한다는 의무감에 관해 분석해볼 것을 권할 뿐이다. 그런 빚은 언제 갚아야 할까? 20년 후에? 그 빚은 얼마나 될까? 대략 2억 원쯤 될까? (독일 내 성인이 될 때까지 자녀를 키우는 평균 비용이다.) 정확히 따지자면 그 같은 의무는 근거를 상실한다. 이 점을 분명히 깨달을 때 우리는 비로소 부모에 대한 의존에서 벗어날 수 있다.

그럼 부모님이 우리가 만든 케이크를 싫어하거나 우리 집 유리창이 지저분하다고 지적해도 더 이상 우리가 눈물을 흘릴 일은 없을 것이다. 또 어머니, 아버지에게 드라이브 요청이나 빗물받이 청소를 해달라는 부탁을 받더라도 더 이상 속으로 부동자세를 취하고 있지만은 않을 것이다.

이제 우리는 부모님을 도울지 말지 자유롭게 결정할 수 있다. 그러면서도 자신에게 충실할 수 있다. 이른바 '자식 도리'를 하며 빚을 갚으라는 요구 뒤에 숨은 소망을 실현할 수 있다. 그것은 바로 자유를 허용하면서도 버팀목이 되어주는, 세대 간의 애정 어린 연대를 바라는 소망이다.

· 이 문장에서 깨달은 것 ·

자유, 독립, 사랑

바르바라 블라이슈

31

"인간 존재의 의미에 관한
합리적이고 만족스러운 답은
사랑뿐이다."

에리히 프롬
Erich Fromm
1900~1980

✳

독일계 미국인으로 미국 신프로이트학파의
사회심리학자이자 정신분석학자, 인문주의 철학자이다.

＊   '사랑'이라는 말에 치를 떨었던 게 벌써 몇 번째인가! 차라리 혼자서 만족하며 사는 편이 훨씬 나을지도 모른다. 하지만 그것도 쉬운 일은 아니다. 다만 내가 이해하는 '사랑'은 독일 출신 미국의 정신분석학자이자 철학자, 사회심리학자인 에리히 프롬이 말한 것보다 훨씬 넓은 의미를 지닌다. 프롬은《사랑의 기술》에서 전통적인 (오늘날 '이성애 중심'이라고 부르는) 남녀 간의 사랑을 주제로 다루었다. 부모의 사랑, 신의 사랑, 이웃 사랑, 자기애도 언급되지만 프롬의 책은 무엇보다 연애 지침서로 읽혔다. 물론 꼭 그래야 하는 것은 아니지만 말이다. 아무튼 좁은 의미에서건 넓은 의미에서건 만만치 않은 주제인 사랑을 만능 해결사처럼 여기는 태도는 다소 위험해 보인다.

다음과 같은 프롬의 문장은 무슨 의미일까? "인간의 실존 문제에 대한 유일한 합리적 답변으로서 사랑을 중시하는 이라면 이런 결론에 이를 수밖에 없다. 즉 사랑이 지극히 개인적인 주변 현상으로 머무르지 않고 사회 현상으로 확산되려면 우리 사회 구조에 급진적인 중대 변화가 일어나야 한다."

삶에 의미를 가져다주는 것은 사랑―엄밀히 말하면 '사랑하기'―이라고 프롬은 주장한다. 그리고 삶에 의미를 부여하고자 하는 목표를 위해서는 사랑이라는 지팡이가 필요하다. 적어도 '사랑'을 낭만적 관계로 한정 짓지 않고 친밀한 결속으로 이해한다면 수긍이 가는 말이다.

에리히 프롬

누구도 섬이 아니다. 우리는 혼자만을 위해 살 수 없다. 자신만을 위한 삶을 의미 있다고 여기기는 더더욱 힘들다. 반면 사랑하는 이들과의 끈끈한 관계 속에서 살아가는 삶은 의미로 가득할 것이다. 그 대상은 꼭 배우자만이 아니라 친구, 심지어 동물이나 세상 전체일 수도 있다.

여기서 사랑은 영화나 드라마, 책 등에서 그려지는 것과 달리 우리에게 '일어나는' 것이 아니라 적극적으로 나서는 '활동'을 의미한다. 내 안에서 사랑을 키워나가야 하는 것이지 사랑에 빠지는 것이 아니다.

그렇다면 원하는 상대라면 그 누구라도 사랑할 수 있다는 말일까? 꼭 그렇지는 않지만, 결단이나 능동적 활동 없이 단지 사랑에 빠질 뿐이라면 그것을 사랑이라고 할 수는 없다. 즉 사랑한다는 것은 잘못된 상대를 선택해 실망할 위험까지 감수하는 것을 말한다.

물론 시대적 한계도 엿보인다. 프롬은 안 좋은 감정은 무시하고 돈독한 관계를 쌓기 위해 노력하라고 권했다. 이는 잘못된 생각은 아니다. 하지만 관계 속에서 환희에 찬 순간과 이를 악물고 참아야 하는 순간이 각각 어느 정도 비율을 차지해야 하는지에 관해서는 다음 세대와 큰 인식 차를 보이는 것이 사실이다.

반면 시대를 앞서가는 혜안도 눈에 띈다. 가령 프롬은 두 사람이 하나로 '결합'하는 동시에 온전한 개인으로 남을 수 있을 때에만 진정한 사랑이 가능하다는 통찰을 보인다. 둘이 함께 뭔가를 추진하거나 어떤 점에서는 합일 상태에 이르기도 하지만, 그럼에도 자신으로 남는 것이다. 이 '두 가지'가 모두 성공할 때 비로소 사랑이 꽃필 수 있다.

"당신에게 필요한 건 사랑뿐*Love is all you need*"이라고 비틀스는 노래했다. 물론 비현실적인 외침이다. 공기와 사랑만으로 배가 부를 사람은 없다. 하지만 우리는 사랑하는 순간 돈을 많이 벌거나 스파게티를 요리할 때보다 훨씬 큰 만족감을 느낀다. 호르몬 분비가 끼치는 영향도 무시할 수는 없다. 사랑이 특별한 것은 그것이 진화생물학적으로 유리하기 때문이기도 하다.

과연 삶에 의미가 있을까? 이것만큼 중요한 철학적 질문도 없다. 이에 관한 최종적인 답변은 아직 나오지 않았고 아마 앞으로도 없을 것이다. 삶의 의미란 무엇일까? 애당초 객관적인 의미 같은 것이 있을 수 있을까? 그렇지 않다면 각자의 삶에 주관적인 의미가 있는지 어떻게 확인한다는 말인가?

다만 우리는 누구나 심리적, 사회적 측면에서 삶을 의미 있다고 여기고 싶어 한다는 것을 잘 알고 있다. 자기 삶을 '의미 있게' 여기는 이들은 더 건강하고 더 오래 사는 경향이 있다. 적어도 이런 점에서 보자면 삶의 의미를 느낀다는 것은 바람직한 일이다.

결국 프롬이 깨달은 것은 사랑 없이는 의미도 없다는 것이다. 노년의 행복과 건강에 원만하고 친밀한 관계만큼 중요한 것도 없다는 연구 결과들이 이 점을 뒷받침한다. 핵심은 넓은 의미에서의 '사

에리히 프롬

185

랑'이다. 꼭 평생의 반려자를 만날 필요는 없지만 완전히 혼자서는 행복해질 수 없다. 사회적 존재인 인간에게는 세상과 신뢰할 만한 관계를 맺는 일이 무엇보다 중요하다.

그러므로 사랑한다는 것은 살아야 하는 이유에 관한 단 하나뿐인 만족스럽고 합리적인 대답이다. 사랑이 합리적이라고 느껴지는 경우가 드물더라도, 그리고 낭만적 감정이 개입하든 아니든 상관없다.

어째서 우리가 오래된 친구들을 만나 함께 시간을 보내는지, 무엇이 그 친구들을 하나로 묶어주는지 한번 설명해보라. 자세히 들여다볼수록 친구들이 낯설고 이상하게 보일 것이다. 하지만 사랑에는 그 모든 것을 극복할 힘이 숨어 있다. 이 얼마나 멋진 일인가.

이 모든 것이 합리적인 행위이고 달리 선택의 여지가 없기에, 그 같은 감정과 관계를 가꾸어나가는 일은 가치가 있다. 그렇다고 뭐든 다 좋게 받아들이라는 말이 아니다. 다만 마음을 정하기 힘든 상황일 때는 친구를 위해, 배우자를 위해 나서라는 의미일 수 있다. 또는 그 대상이 운동 모임 같은 취미 동호회일 수도 있다. 사랑하는 대상에게 들인 잠깐의 노력은 오랜 행복으로 돌아올지도 모른다.

물론 프롬은 자본주의 시장 논리와 자신의 주장을 분명히 구분한다. 사랑은 더 많은 것이 더 좋다는 논리가 통하는 '재화'가 아니다. 게다가 프롬은 사랑한다는 것은 사랑받고자 하는 게 아님을 강조한다. 우리가 동전의 다른 면, 즉 타인을 진심으로 사랑하기를 중심에 둘 때 사랑은 저절로 온다. 자신과 타인을 진심으로 사랑하는 이는 자기 자신은 물론 더 나아가 세상 전체를 사랑하게 된다. 달리 말해 사랑한다는 것은 살아 있다는 뜻이다.

이것이 내게 의미하는 바는 다음과 같다. 그럴 기회가 생긴다면 가급적 친구들과 함께 시간을 보내려고 한다. 모임 활동이 썩 내키지 않지만 아주 싫지도 않다면 한번 시도해본다. 배우자가 못마땅하게 느껴질 때는 ― 사랑스러울 때와는 달리 ― 거기에 큰 의미를 두지 않으려고 한다.

이 모든 것이 사랑을 위한 나의 의식적인 결정들이다. 이럴 때 나는 부자연스럽게 행동하거나 자신을 거짓으로 꾸미지 않는다. 거리감을 느끼는 대신 내 관심을 의식해서 더 친밀하게 굴 뿐이다.

· 이 문장에서 깨달은 것 ·

친밀함, 타협의 자세, 기쁨, 너그러움

에리히 프롬

32

"세상을 바꿀 수는 없지만,
세상을 대하는 태도를 바꿀 수는 있다."

빅터 프랭클

Viktor Frankl

1905~1997

✳

오스트리아의 신경학자, 심리학자.
홀로코스트의 생존자로 심리치료 기법과 실존분석 이론을 창안했다.

＊　　　비가 세차게 내린다. 그럴 때마다 낭패감이 들던 시절이 있었다. 거기에는 분노도 함께했다. 쏟아지는 빗줄기가 내게 원한이라도 있는 듯 느껴졌다. 나는 실패한 인생이었다. 당시에는 그런 것 같았다. 가진 돈만 많았다면 비라고는 전혀 볼 수 없는 곳에서 살 수 있었을 텐데!

비가 내리지 않는 곳이 인간이 살기에 그리 적합하지 않다는 점은 논외로 하자. 아무튼 비가 ― 잔인한 무더위 역시 ― 개인적 감정을 가질 리가 없다. 비록 혼자만의 느낌이라 하더라도, 나를 화나게 하려고 세상이 비를 내리게 한다는 생각은 얼마나 오만한 것인가!

어쨌든 나는 화가 났다. 말도 못 하게 화가 났다! 그런데 이 표현에 이미 해결의 실마리가 들어 있다. '나'는 화가 났다. 비가 아니라 '내가' '나'를 화나게 한 것이다.

이는 물론 언어학적으로는 별 가치 없는 말장난처럼 들릴 수도 있다. 하지만 코칭 워크숍이나 자기계발 세미나 같은 곳에서는 끝없이 이런 설명을 들려준다. 마치 화낼 필요가 없고 더 이상 (스스로) 화내지 않음으로써 맞닥뜨린 문제에서 벗어날 수 있다는 듯이 말이다.

오해가 없기를 바란다. 화낼 만한 이유가 있을 때도 있다. 게다가 두려움처럼 화도 내 감정 상태를 알려주는 중요한 단서가 된다. 반면 화내는 것이 불필요하거나 무의미할 때도 있다. 비에게 분노를 표시할 때가 그렇다. 좋든 싫든, 원하든 원치 않든 비는 내리

빅터 프랭클

189

고, 그것은 나도 어쩔 수 없는 일이다.

다만 비에 대해 어떤 태도를 보일지는 내 마음대로 정할 수 있다. 불쾌하거나 고맙게 받아들일 수도 있고, 무시할 수도 있다. 비에 대한 이런 생각은 그다지 특별할 게 없어 보인다. 그런데도 정작 실천에 옮기기는 쉽지 않다.

이에 비하면 빅터 프랭클이 언급하는 주제는 다른 차원의 이야기다. 그래서 그의 문장은 한결 무게감 있게 우리의 적극적인 태도 전환을 요구한다. 오스트리아 신경과 전문의이자 정신과 의사이던 빅터 프랭클은 유대인이라는 이유로 1942년, 현재 체코의 테레진인 테레지엔슈타트 강제수용소로 끌려갔다. 그곳에서 그의 아버지가 사망했고, 어머니와 동생은 아우슈비츠에서, 아내는 베르겐 - 벨젠에서 세상을 떠났다. 프랭클 자신은 살아남아 1945년 자유의 몸이 되었다.

이런 일을 겪은 이라면 충분히 삶에 회의감을 느낄 만도 하다. 하지만 프랭클은 《죽음의 수용소에서》라는 책을 썼다. 그리고 '로고테라피 *logotherapy*'('의미치료'라고도 불리며 삶의 의미와 가치를 깨닫게 해 치유의 길로 이끄는 심리치료 기법)와 실존분석 이론을 창안했고 전 세계 29개 대학에서 명예 박사학위를 받았다. 또 나중에는 새로운 배우자를 만났고, 30권이 넘는 책을 썼으며 67세에 조종사 면허증을 따기도 했다. 프랭클은 1997년 92세의 나이로 빈에서 세상을 떠났다.

인생의 의미를 찾아가는 철학

프랭클의 이론은 그의 유쾌한 심성이나 낙관적 성격에 기인한 것만은 아니다. 그는 《삶의 의미를 찾아서》에서 자신이 그런 주장을 하게 된 이유를 들려준다. "그렇다고 불행해야 할 이유가 세상에서 사라지는 것은 아니다. 세상에서 바뀌는 것은 아무것도 없다. 하지만 세상에 대한 태도를 바꾼다면 어떨까? 고통을 하나의 성취로 바꾸어놓는 인간의 능력을 활용하면 어떨까?" 한마디로 프랭클은 자신이 내린 결론을 우연이나 예외적인 결과가 아니라 자신의 의지로 이루어낸 것으로 보았다.

그의 문장은 사르트르의 자유 개념과도 일맥상통한다. 프랭클은 자기가 깨달은 바를 이렇게 설명한다. "인간의 마지막 자유 중 하나는 어떤 상황에서든 늘 자신의 태도를 자유롭게 선택하고 자기만의 길을 택할 수 있는 자유다." 극단적으로 말하면 가족들이 나치에게 살해당하는 와중에 강제수용소에서도 그럴 수 있다는 것이다.

우리는 포기할 수도 있고 저항할 수도 있다. '그럼에도 불구하고'만이 아니라 '바로 그 때문에' 삶에 의미를 부여하고자 노력할 수 있다. 그것이 터널 끝에서 프랭클이 보았던 빛이었다. 삶에서 의미를 찾고 적극적으로 의미를 끌어내거나 삶에 의미를 부여할 수 있는 사람은 위기를 만나도 잘 헤쳐나갈 수 있다.

프랭클이 자신의 고통을 인간적 성취로 바꾸어놓는 데 성공한 사실은 놀랍기만 하다. 생각 이상으로 우리에게는 얼마든지 삶을 대하는 자세를 바꾸고 삶에서 의미를 이끌어낼 가능성이 있음을

빅터 프랭클

보여준 점, 그것이 그의 위대한 업적이다. 다만 그런 주장의 보편타
당성을 가정한 것은 그의 이론이 지닌 약점으로 비치기도 한다.

프랭클에 따르면 삶의 의미란 외부에서 주어지는 것이 아니
다. 우리는 각자 자기만의 의미를 내부에서 찾아야 한다. 그는 이것
이 세 가지 방식으로 이루어진다고 말한다. 남다른 일을 하는 것, 작
품을 창조하는 것, 어떤 사람이나 대상과 관련해 독특하고 유일무
이한 점을 체험하는 것, 즉 사랑하는 것이다. 이 점에서 그의 생각은
에리히 프롬과도 유사한 면이 있다.

이런 문제는 처음에 언급한 비에 대한 내 분노에 비하면 훨씬
중요한 일이다. 다행히 사람들은 대부분 살면서 엄청난 시련을 겪
을 일이 많지 않다. 그런 만큼 일상적인 불만에 큰 감정 소모를 한다
면 더더욱 화가 날 법도 하다. 이런 상황 앞에서 어쩌면 프랭클은 자
신이 비판했던 '풍요사회'의 폐해를 보았을지도 모른다. 냉정하게
말하면 우리는 너무 잘 살고 있는 나머지 그 상황을 더 이상 소중하
게 여길 줄 모르는 게 아닐까.

전쟁 발발 전까지 프랭클은 빈에서 전문의로 일하며 매년
3,000명에 이르는 자살 위험군 여성을 돌보았다. 우울증과 자살 충
동은 그의 전문 분야였다. 따라서 프랭클은 마음을 다잡고 좋은 쪽
으로 생각하면 아무 문제가 없다는 식의 무책임한 주장을 펼칠 사
람은 아니다.

그럼에도 그의 말은 어딘가 씁쓸한 뒷맛을 남긴다. 많은 명상

지도자의 '용서'에 관한 생각이 그렇듯 말이다. 이들 영성 집단에서는 더 이상 과거에 '붙들리지' 않으려면 용서가 필요하다고 조언하고는 한다. 심한 트라우마를 겪었던 사람이라면 이런 조언을 조심스럽게 받아들여야 한다. 치료사의 도움이 없다면 더더욱 그렇다.

그럼에도 프랭클은 조건반사적으로 모래 속에 머리를 파묻고 체념할 필요가 없음을 분명히 보여준다. 우리는 최대한 자신에게 도움이 되는 태도를 갖고자 노력할 수 있다. 그런 태도가 억지스럽지 않고 우리한테 어울려야 한다는 것은 당연하다. 그러면 애초 생각한 것보다 훨씬 수월하게 일이 풀릴 수 있다.

그래서 나는 이제는 비를 좋아하게 되었을까? 물론 아니다. 그렇다면 여전히 아이처럼 발을 동동 구르며 하늘을 향해 주먹질하고, 개인적으로 실망하고 상처받고 있을까? 역시 아니다. 완전히 나를 버린 것은 아니지만, 어느 정도 내 태도를 바꿀 수는 있었다. 그러니 프랭클의 조언은 중요한 문제보다는 일상의 자질구레한 일에 훨씬 도움이 될 것 같다는 것이 내 생각이다.

· 이 문장에서 깨달은 것 ·

결정의 자유, 내적 거리, 여유로움

빅터 프랭클

33

"인간은 자유롭도록 선고받았다."

장 폴 사르트르

Jean-Paul Sartre

1905~1980

✳

프랑스의 작가이자 철학자. 무신론적 실존주의 사상을 대표하며,
프랑스 지식인들과 정치계에 큰 영향을 끼쳤다.

* 　　관계는 삐걱거리고, 월급은 불만족스럽고, 기후 위기는 현실로 다가오고 있다. 뭔가 바꿔야 할 때가 왔다. 그런데 유감스럽게도, 우리 계획이 실패하고 바람이 이루어지지 않는 것은 남들 탓이다. 가끔씩 좌절감과 함께 무력감마저 느낀다. 주변 상황에 속수무책으로 끌려다니는 기분이고, 내 뜻대로 되는 일이라고는 하나도 없다.

　이런 상황에 부딪힐 때마다 원하는 대로 행동할 수 있는 자유가 그리워진다. 하지만 그런 자유를 찾기가 힘들다. 자기 자신은 물론 주변 사람에게도 답답하고 짜증 나는 일이다. 하지만 이런 한탄 뒤에는 우리가 편한 길만을 찾고자 한다는 사실이 숨어 있는 것은 아닐까. 어쩌면 상황은 우리 생각보다 최악이 아닐 수 있다. 상황은 언제든지 달라질 수 있다. 이 메시지야말로 난감한 순간에 사르트르가 우리에게 건네는 선물이다.

　"중요한 것은 오직 자유다." 독일의 록 가수 마리우스 뮐러-베스턴하겐의 말이다. 우리에게 자유라는 단어는 긍정적인 이미지를 떠올리게 한다. 그렇다면 사르트르는 왜 인간이 자유를 '선고' 받았다고 말했을까? 이런 표현은 그다지 유쾌하게 들리지는 않는다. 사르트르가 말한 자유의 개념은 정확히 무슨 의미일까? 독일 자유민주당부터 코로나19 백신 반대자, 우익 정당 '독일을 위한 대안_AfD_'에 이르기까지 너도나도 '자유'를 외치는 것이 현실이다.

　한번은 어떤 친구가 자신이 궁지에 몰린 것 같다고 고백한 적

장 폴 사르트르

이 있다. 일과 가족에 밀려 자기만의 시간이 없다는 그는 자유를 뺏긴 기분이라며 답답함을 호소했다. 또 다른 친구는 더 이상 어떻게 해야 할지 모르겠다고 고민을 털어놓았다. 자신의 어머니가 매사에 지나치게 참견한다는 것이다. 아무리 해도 어머니는 달라지지 않는다고 친구는 하소연했다. 우리는 가끔씩 자신이 기계처럼 살고 있다는 인상을 받을 때가 있다. 하고 싶은 일을 자유롭게 할 수 있는 가능성은 '제로'다.

프랑스 철학자 장 폴 사르트르는 달리 생각했다. 그의 대표작으로는 1943년에 출간된 《존재와 무》가 꼽힌다. 사르트르의 목표는 우리가 관찰할 수 있는 세계에서 출발해(이른바 '현상학') 존재를 분석하는 것이었다. 이는 존재와 존재자에 대한 가르침인 '존재론'의 영역에 해당한다. 다만 '존재자'와 '존재'가 동일한 것인지를 두고는 철학자마다 의견이 갈린다.

사르트르는 이 두 가지를 동일하게 여겼다. 그가 보기에는 오직 하나의 세계가 존재할 뿐이다. 즉 우리가 요청하지 않았는데도 태어난 이 세계 말이다. 그는 〈실존주의는 휴머니즘인가?〉라는 주제의 강연에서 세상에 태어났으면 어떤 식으로든 삶을 잘 헤쳐나가는 것 외에 다른 도리가 없다고 설명한다.

이처럼 모두는 이 세상에 태어남으로써 존재를 '선고'받았다. 살아 존재한다는 것은 간단한 일이 아니기 때문이다. 우리는 끊임없이 뭔가를 해야 한다. 물론 아무것도 안 할 수도 있다. 그런데 무엇을 하든 (또는 하지 않든) 그것은 자유롭게 결정할 수 있다. 이것 또는 저것을 할지 (또는 아무것도 안 할지) 결정하지 '않으면 안 된다'. 이런 의미에서 사르트르는 '선고'라는 표현을 썼다. 우리는 외부 상황에 의해 끊임없이 자유를 실천하도록 강요받는다. 이 세상에 태어난 존재라는 현실 때문이다.

그렇다고 부모에게 손가락질하며 "나는 이 세상에 태어나길 원치 않았으니 내 행동에 대한 책임을 지세요"라고 대들어야 할까? 그렇지 않다고 사르트르는 대답한다. 우리에게는 자살이라는 가능성이 주어졌기 때문이다. 그런 의미에서 우리는 말하자면 소급 적용해 삶에 머무르는 쪽을 선택하고, 이와 함께 책임도 떠맡는다. 이런 이유에서 그것은 하나의 '선고'라 할 수 있다. 마음에 들든 말든 상관없이 말이다.

이런 관점은 일상에 어떤 도움을 줄 수 있을까? 외부에서 정해주는 기준으로부터 나를 해방시킨다. 나는 자유롭다. 내가 원하든 원치 않든. 내가 하는 일에 대한 책임은 나 혼자서 진다. 이는 내가 원하는 것을 할 수 있다는 뜻이기도 하다. (정확히 말하면 이렇다. 나는 어차피 늘 원하는 것을 한다. 그럴 수밖에 없기 때문이다.) 이제 중요한 것은 '하고 싶은' 일을 하는 것이다. 그럴 수 있고, 또 그렇게 해도 되기 때문이다.

물론 이 말은 이기주의자와 나르시시스트에게 무임승차권을 쥐여준다는 의미가 아니다. 왜 그럴까? 모든 행동에는 결과가 따르

장 폴 사르트르

197

기 때문이다. 법을 위반하면 처벌을 받는다. 남들이 내 장단에 맞춰 주기만을 바란다면 친구를 찾기가 힘들 것이다. 부도덕적으로, 탐욕적으로 살 수도 있다. 나는 자유롭기 때문이다. 하지만 정말 그러기를 원할까? 이것이야말로 사르트르가 우리에게 던지는 중요한 질문이다. 내 행동이 나를 지금과 같은 인간으로 만들었다. 사르트르는 "존재는 본질에 앞선다"는 말을 남겼다. 먼저 내가 존재하고, 그다음에 내 본질을 스스로 만들어간다는 것이다.

이런 생각은 인간 존재에 관한 일반적 이해와는 배치된다. 인간에게는 자아의 본질 같은 것이 있어 우리는 어느 정도 여기에 부합될 수 있다는 것이 통념이다. 그러니 저마다 자기 존재의 특별한 점을 발견하고 그것을 펼쳐나가라고 말한다. 니체는 말했다. "너 자신이 되어라." 이 문장에 담긴 메시지는 수많은 소설과 영화에서 반복적으로 등장한다. 즉 자신에게 전적으로 충실하기만 하면 만사형통이라는 것이다. 그럼 직장도 구하고 배우자도 만나고 삶의 행복도 찾을 것이다.

사르트르는 정반대로 생각했다. 모두는 백지상태에서 삶을 시작한다. 그리고 이후에 내리는 결정을 통해 저마다 삶의 이야기를 써내려간다는 것이다. 이제 이렇게 되묻는 이들이 있을 것이다. 내가 하고 싶은 일을 다 하고 살 수는 없어! 나는 절대 자유롭지 않아!

하지만 실존주의 철학자들에게 자유는 최대한 많은 선택의 가능성을 갖는 데 있지 않다. 그 때문에 우리는 자유롭도록 '선고받았다'. 즉 자살에 반대되는 결정을 내리는 한, 우리는 언제나 그 대안을 선택한 것이다. 그것이 좋든 싫든 간에 말이다. 이런 의미에서의 자유는 어느 정도 마음에 드는 두 가지 선택지 가운데 결정할 수 있다는 말이 아니다. 그보다는 선택지 자체가 있다는 것을 의미한다. 우리가 살아 있는 한, 그 사실에는 변함이 없다.

따라서 사르트르는 자유를 인간이 가진 특성 중 하나로 여기지 않는다. 오히려 인간과 자유는 서로 뗄 수 없이 하나로 묶여 있다. 자유는 숨 쉬는 것과도 같다. 살아 있다면 누구나 숨을 쉰다. 마찬가지로 살아 있는 한 누구나 자유롭다.

사르트르는 좀 더 복잡한 개념을 사용해 이를 설명한다. 사르트르에 따르면 사물은 있는 그대로 존재하는데, 이것을 '즉자卽自'라 부른다. 한편 사람은 자기 자신을 인식할 수 있는데, 이것을 '대자對自'라 한다. 인간은 자기 자신과 주변 환경을 의식할 수 있기에 '무無'의 개념을 표상할 수 있다. '무'는 인간에 의해 비로소 세상에 등장하게 되었다.

우리는 어딘가에 뭔가가 없는 상태를 머릿속에 떠올릴 수 있다. 또 스스로 존재하지 않는 상황도 상상할 수 있다. 사르트르는 그것이 자유라고 말한다. 삶이 흘러가는 대로 내버려두는 선택지도 있다. 사르트르가 보기에 이것은 자청해서 자기 자신을 우연과 다수 의견에 맡기기로 하는 것과 다름없다. 자유란 이 세상과의 갈등 속에서 드러나는 것이다.

장 폴 사르트르

이처럼 자유를 강요받은 인간은 무엇보다 불안감을 느끼게 된다. 자신 말고 어느 누구에게도 자신의 과거와 미래의 삶에 대한 책임을 지울 수 없기 때문이다. 즉 우리는 혼자다(그리고 혼자서 책임을 진다). 삶은 우리가 의미를 부여할 때에만 의미를 얻는다. 의미는 발견되거나 찾아낼 수 있는 것이 아니다. 부활절 달걀처럼 미리 어딘가에 숨겨놓은 의미 따위는 없다. 이렇듯 자기 삶을 만들어갈 자유를 적극적으로 활용하는 사람이야말로 진정한 삶을 사는 것이라고 사르트르는 전한다.

반면 죽음은 종국에 우리의 계획을 물거품으로 만든다. 죽음은 자유가 미치는 범위 바깥에 있기 때문이다. 어느 정도인지 예측하기는 불가능하지만 죽음은 우리 행위를 실제로 제한한다.

우리가 요청한 것이 아니기에 우리는 자유롭도록 '선고받았다'. 이 역시 어쩔 수 없는 실존의 일부다. 그런 자유는 어디서 가져오거나 애써 얻어낼 필요가 없다. 앙겔라 메르켈의 표현대로 그것은 "선택의 여지가 없다". 행동을 통해 비로소 우리 존재를 규정한다면, 또 행위를 통해 인격을 만들어낸다면, 온갖 핑계를 멈추고 이제 우리가 되고 싶어 하는 그 사람이 되어야 할 때가 된 것은 아닐까?

· 이 문장에서 깨달은 것 ·

자기효능감, 자기 책임,
자유(내가 지닌 자유에 대한 의식)

인생의 의미를 찾아가는 철학

34

"우리는 자신의 유한성을 의식하며
삶의 결정을 내린다."

마르틴 하이데거
Martin Heidegger
1889~1976

✳

독일의 철학자. 현상학, 해석학, 실존주의에 관해
20세기 중요한 철학자 중 하나로 평가받는다.

*   얼마 전 한 친구에게 이런 질문을 받았다. "죽기 전에 꼭 하고 싶은 일이 있어?" 어느덧 일상적인 대화 주제가 된 버킷 리스트에 관한 질문이었다. 그 친구는 여행을 많이 하고 몇 가지 모험(낙하산 타기, 7일 연속 하이킹 등)에 도전하고 싶다고 했다. 나는 이렇게 대답했다. "기후 위기를 막는 데 도움이 되는 일을 하고 싶어."

많은 사람이 종종 앞으로 남은 인생에서 무엇을 해야 하고, 무엇을 하고 싶고, 또 할 수 있는지에 대해 생각하고는 한다. 이 점에서 우리는 다른 동물과 다르다. 적어도 대부분의 동물과는 다르다. 유인원들이 한가할 때 어떤 생각을 하고 있을지 또 누가 알겠는가? 하지만 우리 집 고양이가 장기적인 계획을 세울지는 회의적이다.

철학자 마르틴 하이데거에 따르면 존재한다는 것은 어떤 가능성들은 선택하고 나머지는 내버려두는 것을 뜻한다. 하이데거의 대표작 《존재와 시간》에서 "죽음에 이르는 존재와 현존재의 일상성" 부분에서는 그 같은 가능성 중 마지막 가능성은 '나만의' 죽음, 즉 오롯이 나 자신과 관련된 죽음이라고 말한다. 이 같은 인식에 직면한 현존재 *Dasein*, 즉 실존적 존재로서의 인간에게는 마침내 결단의 공간이 열리고, 현존재는 그 경계 안에 존재하게 된다. 하이데거에게 죽음은 단순히 삶의 최종적 사건이 아니다. 죽음은 현존재의 실존에 빛을 되비쳐주듯 영향을 준다. 필멸성과 유한성은 살아가는 동안 이미 현존재를 규정한다. 하이데거는 이 같은 특징을 지닌 현존재를 '죽음을 향한 존재 *Sein zum Tode*'라 부른다.

인생의 의미를 찾아가는 철학

하이데거는 히틀러의 나치당에 입당한 이력으로 무수한 논란을 불러일으킨 철학자다. 그럼에도 그의 통찰에 담긴 의미가 남달라 철학계에서 그의 목소리를 무시하기가 어려운 게 현실이다.

하이데거는 자신의 생각을 전달하기 위해 일상 독일어를 사용한 수많은 특유의 개념을 만들어냈다. 이를테면 그는 우리 현존재의 '피투성 *Geworfenheit*'(또는 '내던져짐' – 옮긴이)을 언급한다. 즉 요청한 적이 없는데도 우리는 이 세상에 태어났고, 세계 속에 '내던져졌고', 어떻게든 이 상황에 대처해야 한다. 그는 또 현존재를 '세계 – 내 – 존재 *In-der-Welt-sein*'라 부르기도 한다. 이런 용어가 처음에는 다소 유치하게 들릴 수도 있겠지만, 다시 들여다보면 실제 삶의 구체적 특징을 잘 요약한 것임을 알 수 있다.

이 밖에 하이데거는 여러 사물이 각각의 물질적 성분이 조합된 것 이상임을 지적하기도 했다. 가령 망치는 나무와 쇠로 이루어진 물건이 아니라 '망치질을 위한 물건'이다. 즉 망치 속에 이미 이같은 기능이 담겨 있다. 망치질을 할 수 없는 망치란 무의미하다. 게다가 망치질하려는 사람이 없다면 아무도 망치를 제작하거나 가지려고 하지 않을 것이다.

'각자성 *Jemeinigkeit*'도 하이데거 철학에서 중요한 개념이다. 모든 의미 있는 경험은 개인적일 수밖에 없다. 즉 '나의 것이다'. 죽음도 마찬가지다. 아무도 나를 위해, 나를 대신해 죽을 수는 없다. 또 타인의 죽음을 그들 자신만이 맞이하는 것처럼 내가 겪을 수도

마르틴 하이데거

없다.

　뛰어난 지능을 소유하고 멀리 내다볼 줄 아는 인간으로서 우리는 다가오는 죽음을 예감한다. 언젠가 죽으리라는 것을 안다. 시신을 냉동시킨 뒤 미래에 소생시킬 수 있다는 허황한 꿈을 꾸는 이들도 있지만, 죽음이 피할 수 없는 운명임은 분명한 사실이다. 그런데 하이데거에게 죽음은 삶 속에서 만들어갈 수 있는 것, 즉 '가능성들'에 속한다. (반면 사르트르에게 죽음은 불쑥 등장해 플러그를 뽑고는 '안녕'이라고 외치는 흥을 깨는 불청객과도 같다.)

　다시 말해 하이데거는 우리가 죽음의 과정을 포함해 삶의 중요한 결정에 동참할 수 있다고 보았다. 우리도 이를 잘 알고 있기에 죽음은 뒤에서 거꾸로 현존재를 되비친다고 말할 수 있는 것이다. 언젠가 죽을 것이고 그 점을 자각한다는 사실은 삶에도 영향을 미친다. 버킷 리스트가 그 좋은 예다. 만약 영원히 살 수만 있다면 버킷 리스트 따위가 왜 필요하겠는가. 또 미래가 무엇인지 모른다면 그런 리스트를 상상조차 못 할 것이다.

　하지만 그렇지 않기에 죽기 전 어떤 일을 꼭 하고 싶은지 결정할 수 있다. 이 결정들은 죽음을 맞이하는 방식에도—평온하게 죽을지 또는 죽음에 저항할지, 아니면 병마에 시달리다 죽을지 또는 자연스러운 죽음을 맞이할지—영향을 준다. 하이데거는 우리가 모든 일을 통제할 수 있다고 말하지는 않는다. 다만 언제가 찾아올 죽음을 의식함으로써 사실상 자기 삶에 영향을 준다는 뜻이다. 이를 두고 하이데거는 "죽음에 이르는 존재"라는 표현을 사용했다. 여느 생명체처럼 인간도 살다 보면 언젠가 죽음을 맞게 된다. 하지만 죽음을 의식하고 있기에 그 자각을 바탕으로 자기 삶을 만들어갈 수 있다.

죽음이라는 주제 탓에 이런 이야기가 우울하게 들릴 수 있다. 하지만 반대로 해방감을 안겨줄 수도 있다. 수많은 결정을 내릴 때 필요한 타당한 기준이 생기기 때문이다. 말하자면 이런 식이다. '나는 죽기 전에 무엇무엇을 꼭 하고 싶다. 그러니 그것을 계획에 넣어 이루게끔 노력할 것이다.' 삶의 유한함을 잘 아는 이는 시간을 낭비할 이유가 없다. 만약 시간을 허투루 쓰고 있다면 이 또한 죽기 전 해결해야 할 문제에 포함되어야 한다.

평정심을 잃지 않고, 패닉 상태에 빠지지 않고, 번아웃이 오게끔 스트레스를 쌓아두지 않는 일은 모두 우리 자신에게 달렸다. 물론 쉽지만은 않다.

하이데거의 통찰은 인생 후반기에 접어든 이들에게 더욱 호소력이 있다. 이때는 이미 여러 경험을 했으면서, 또 몇몇 삶의 청구서는 아직 도착하지 않은 상태다. 어쩌면 여러 가지가 바라던 대로 되었고, 어떤 일은 잘 풀리지 않았을지도 모른다. 인생이라는 공사 현장에서 계속 관심을 두고 싶은 곳은 어디이며 작별하고 싶은 곳은 어디인가? 이런 의문이 들 때마다 유용한 방법이 있다. 우리가 언제가 다가올 자신의 죽음을—원하든 원치 않든—의식하는 존재

마르틴 하이데거

205

이며 또 매사에 그 점을 생각하며 살고 있다는 사실을 떠올려보는 것이다.

물론 이로 인해 과도한 쾌락주의에 빠질 위험도 있다. 가령 기후 위기 앞에서 아직 섬이 물에 잠기기 전에 한 번 더 몰디브로 여행을 가려는 사람도 있다. 그러고는 신나게 먹고 마시며 파티를 즐긴다. 이것이야말로 하이데거를 엉터리로 이해한 것이다. 슈바르츠발트의 숲속 마을 토트나우베르크에서 은둔해 지냈던 하이데거는 분명 다르게 생각했을 것이다. 그는 각자의 삶이 유일무이한 것인 만큼 늘 깨어 있는 자세로 살아야 한다는 점을 말하고 싶었을지 모른다. (이는 나치에 연루된 그의 이력과는 어딘가 모순된다.)

하이데거가 우리에게 주는 또 다른 교훈이 있다. 우리는 누구나 버킷 리스트를 작성할 충분한 이유가 있다는 것이다. 그러니 이제까지와 달리 한결 더 진지한 태도로 버킷 리스트를 대하면 어떨까. 그리고 '나만의 것'으로 개성 있는 목록을 만들어보는 것이다.

· 이 문장에서 깨달은 것 ·

미래의 전망, 넓은 안목, 긴 호흡

인생의 의미를 찾아가는 철학

35

"사실이 아닌 해석만이 존재한다."

프리드리히 니체
Friedrich Nietzsche
1844~1900

✻

독일의 철학자이자 작가. 주요 철학적 사상으로는 '신은 죽었다',
'힘에의 의지', '위버멘쉬', '영원회귀', '운명을 사랑하라' 등이 있다.

*   백신은 효과가 있다. 러시아는 우크라이나를 상대로 전쟁을 일으켰다. 이것은 설탕 1킬로그램의 가격이나 중력의 법칙처럼 사실일까 아니면 의견일까? 그렇다면 사실이란 도대체 무엇인가? 이 문제를 두고 최근 몇 년 사이 친구들끼리 싸우며 사이가 틀어지고 가족 간 불화가 심해졌다.

프리드리히 니체는 많은 논란을 불러일으키는 동시에 이해하기 쉽지 않은 철학자다. 서두의 인용문은 니체의《유고》에 있던 문장인데, 무엇보다도 해석의 중요성을 강조했다. "현상에 머물며 '사실만이 존재한다'고 말하는 실증주의에 맞서 나는 이렇게 말할 것이다. 아니다. 사실이 아니라 해석만이 존재한다. 우리는 사실 '자체'를 확인할 수 없다. 그런 것을 원한다는 것은 무의미한 일일지 모른다."

지난 수년간 도널드 트럼프와 블라디미르 푸틴은 수없이 많은 거짓말을 쏟아냈다. 스타를 꿈꾸는 수많은 신인 배우가 다큐 시리즈에 출연해 자기 입맛에 맞게 각색된 인생 스토리를 이야기하고 있다. 소셜 미디어에서 가짜뉴스가 사실에 입각한 정보보다 훨씬 빠르게 전파된다는 점이 드러났다. 담배제조사와 석유회사 들은 그것이 잘못인 줄 알면서도 소비자를 현혹해 자사 제품의 환경 및 건강 유해성에 의심을 품게 했다. 이는 해석이야말로 현실을 수용하는 데 가장 중요한, 어쩌면 유일한 요인일 수도 있음을 보여주는 일부 사례에 불과하다.

다음과 같은 점에서 니체는 옳았다. 우리는 '사실' 자체를 알 수 없다. 단지 보고 듣고 냄새 맡고 읽는 것을 해석할 뿐이다. 그리고 거기서 최대한 설득력 있는 현실의 모습을 만들어낸다. 그렇게 만들어진 현실상은 제각각 다르기 마련이다. 이해와 해석은 누구나 하는 행위다. 다른 방법이 없다. 이 같은 해석을 통해 우리의 세계상이 정해진다.

각자의 해석을 하는 과정에서 문제가 생길 수 있다. 최근 몇 년 사이 감정이 상한 채 세상에 대한 자기만의 주관적 해석에 빠지는 이들이 많이 늘어났다. 그 결과 음모론을 신봉하는 이들이 점점 많아지고 있다. 가령 '그레이트 리셋 *Great Reset*' 음모론자들은 세계 최고 갑부들이 정계 엘리트들과 손잡고 인류를 마음대로 통제하려 한다고 주장한다. 정확히 어떻게, 왜 그런지는 알 수 없다. 과연 이런 주장은 사실에 근거하는가? 아니다. 하지만 바로 그 점이 그들의 계획이 얼마나 능수능란하게 실행되고 있는지 보여준다는 것이다! 마찬가지로 지구가 평평하다고 믿고, 달 착륙 장면은 할리우드가 연출한 것이라고 확신하는 이들도 점점 늘고 있다.

사실이 누군가의 견해에 불과하다면 어떻게 이들의 주장에 반박할 수 있을까? 일상에서도 비슷한 현상이 관찰된다. 애인이 집에 있는 쓰레기를 내다 버리지 않았다. 나쁜 녀석 같으니. 이제 나를 사랑하지 않는 거야! 사장이 회의 시간에 이상한 표정을 지었다. 나한테 불만이 있는 게 분명해!

프리드리히 니체

니체는 늘 내게 고민거리다. 그가 무엇을 말하려는지 명확하게 와닿지 않는다. 어쩌면 거기에 그만의 매력이 있을지도 모른다. 말하자면 그는 철학계의 디터 볼렌(독일의 가수이자 작곡가-옮긴이) 같은 인물이다. 그의 간결하고 힘찬 문장은 듣기 좋고 즐겁고 유쾌한 느낌을 준다. 하지만 정말로 그의 말이 맞을까?

사실과 해석을 구분 짓는 기준은 무엇인가? 사실이란 의심할 여지없이 실제로 존재하는 일을 말한다. 하지만 세월과 함께 인류의 지식수준도 발전한다는 것은 주지의 사실이다. 태양은 더 이상 지구 주위를 돌지 않고 뇌의 송과선에는 영혼이 들어 있지 않다. 물론 그렇다고 사실을 송두리째 부정할 필요까지는 없어 보인다. 하지만 니체는 한 걸음 더 나아간다. 그는 사실이란 것이 없다고 말할 뿐 아니라 '주체성'까지 부정한다. '주체'라는 개념 역시 머릿속에서 만들어진 산물이라는 것이다.

반면 마르쿠스 가브리엘 *Markus Gabriel* 같은 철학자들은 "도덕적 사실"을 언급하며, 이를 수소 분자나 식물, 동물과 동급으로 취급하기도 한다. 좋다. 그래서 어떻게 하겠다는 말인가? 그 점에서 니체는 아주 민감한 주제를 건드린 셈이다. 우리는 스스로 '사실'로 여기는 것이 정말 사실이라는 것을 얼마나 확신할 수 있는가? 거기에는 의심의 여지가 없을 수 있을까? (의심의 여지는 동일한 개연성을 지닌 '대안적 진실'과는 다른 것이다.)

중요한 것은 무엇을 사실로 여기고 있고 왜 그런지를 성찰하는 일이다. 눈을 통해서만, 또 인간이 만든 측정 도구로만 세계를 인지할 수 있다면 내가 확실히 믿을 수 있는 것은 무엇인가? 내 세계 상의 중심을 이루는 것은 무엇인가? 또 다양한 가정과 결론의 근거를 어디에 두어야 할까? 언제 확신이 흔들리고, 언제 직관에 기대는 가? 쉽게 흔들리기 쉬운 감정이 하는 역할은 무엇인가? 어쩌면 '사실'이라는 말보다는 '현재의 지식수준'이라는 말을 쓰는 것이 더 적절할지도 모르겠다.

이쯤 되면 내가 니체의 문장을 두고 힘겨운 싸움을 벌이고 있음을 눈치챘을 것이다. 그런데도 왜 나는 그것을 중요하고 유익하게 생각할까? 바로 다음과 같이 의문을 제기하게 하기 때문이다. '사실'이라고 말할 때 나는 대체 무슨 의도로 그렇게 말하는 것일까? 그것은 단지 내 해석을 객관화하려는 시도일까? 아니면 사실을 주장할 만한 타당한 근거가 있는가?

거꾸로 나는 이제 온갖 가능한 해석을 서로 동등한 가치를 지닌 것처럼 내놓는 이들과의 끝 모를 논쟁에서 빠져나오기가 한결 쉬워졌다. 나는 절대로 그들을 설득시킬 수 없고, 이 점은 그들도 마찬가지다. 우리는 이 사실을 받아들여야 한다. 기력을 낭비할 필요가 없다. 니체의 문장을 기억하고 있으면 거짓말하는 정치가와 기업가 들이 노리는 것을 쉽게 간파할 수 있다. 그들이 원하는 것은 대중의 해석을 자신들에게 유리한 쪽으로 움직이는 것이다.

오늘날 우리는 자기 입장을 내세우면서 감정에 호소하는 경

프리드리히 니체

우를 심심치 않게 볼 수 있다. 하지만 누가 격분해 주장을 펼치는 것과 무작정 화를 내는 것 사이에는 큰 차이가 있다. 그저 화내기만 하는 사람에게는 어디에도 끼어들 틈이 없다. 감정의 진실성에 대한 논쟁은 무익함과 불가능 사이 어디쯤에서 벌어질 것이다.

나아가 편협한 일상적 사고 앞에서 니체의 주장은 우리로 하여금 어떤 내면의 과정을 거쳐 특정 사실을 믿게 되었는지 검토할 훌륭한 자극제가 된다. 내가 사실로 여긴 것이 사실이 아니고 하나의 해석일 뿐이라고 가정해보자. 그렇다면 어떤 합리적 해석을 대안으로 고려할 수 있을까?

· 이 문장에서 깨달은 것 ·

거리 두기, 개방적 태도, 꼼꼼함

36

"당신이 침묵하였더라면
철학자로 남았을 것이다."

아니키우스 보에티우스

Anicius M. S. Boethius

480~524

✳

이탈리아 고대 로마 말기의 저술가이자 철학자. 저서 《철학의 위안》은
고대문예 교양을 바탕으로 그리스도교와 플라토니즘이 융합되었다.

＊　　　유명 인사나 정치인이 엉뚱한 발언을 해서 언론의 십자
포화를 맞는 일이 잦아지고 있다. TV에도 자주 출연하는 독일의 대
중 철학자 리하르트 다비트 프레히트_Richard David Precht_도 그중 한
사람이다. 그는 최근 러시아 침공에 맞서 싸우는 우크라이나에 대
한 무기 공급을 반대하는 공개서한에 서명한 바 있다. 대다수가 그
의 행보에 고개를 갸우뚱했다. 만약 프레히트가 잠자코 있었더라면
시청자들은 그를 훨씬 더 현명하게 여겼을 것이다.

　　어차피 철학과 교수들이 프레히트를 바라보는 시선은 곱지
않다. 무엇보다 그가 철학이 아닌 독문학에서 박사학위를 받았다는
이유가 크다. 아울러 여느 철학과 교수들과 달리 자기 의견을 공공
연히 드러낸다는 점도 영향을 주었을 것이다. 이 같은 모습은 어떤
사안을 이렇게도 저렇게도 볼 수 있다는 식의, 철학과 교수들에게
서 흔히 볼 수 있는 태도와는 딴판이기 때문이다.

　　법률가에게서도 비슷한 모습이 발견된다. 다만 '사안에 따라
다르다'는 것은 법조계의 문제 중 일부에 지나지 않는다. 또 다른 문
제는 "법정과 대양에서는 모두의 운명이 신의 손에 달려 있다"는 격
언에서 잘 드러난다. 즉 법정에서 어떤 결정을 내릴지는 최고의 법
률 지식을 갖춘 사람이라도 예측하기 힘들다는 뜻이다.

　　이런 경우 결국에는 아무런 예측도 하지 않은 사람이 나중에
더 유리한 입장에 서게 될 것이다. 일기예보와 관련해서도 사정은
비슷하다. 해마다 예측 정확도가 높아진다고 하지만 일상에서는 그

점을 늘 체감하기가 힘들다. 따라서 오늘 오후에 비가 내릴지에 대해 단언하지 않는다면 적어도 헛짚을 위험에서는 벗어날 수 있다.

일론 머스크*Elon Musk*는 X(예전 트위터) 인수 직후 기자들의 질문을 받을 때마다 '똥 이모지'를 사용해 이에 응수하고는 했다. 차라리 그러지 말고 가만히 있었더라면 어땠을까? 독일 전직 총리 게르하르트 슈뢰더 *Gerhard Schröder*가 무력시위를 이유로 우크라이나를 비난했을 때도(정작 전쟁을 일으킨 '절친' 푸틴에게는 입을 다물고 있다) 대중들의 반응은 싸늘했다. 몇 년 전에는 당시 독일 연방 대통령이었던 크리스티안 불프*Christian Wulff*가 〈빌트〉지 편집장 카이 디크만*Kai Diekmann*을 협박한 통화 내용이 음성사서함에 영구히 저장됨으로써 스캔들이 걷잡을 수 없이 커지고 급기야 그를 대통령직에서 물러나게 한 사건도 있었다.

열띤 언쟁 와중에 서투르게 인용한 문구의 해석을 두고 한바탕 다툼이 벌어지는 광경은 흔히 볼 수 있다. 차라리 그냥 입을 다물고 있었더라면 어땠을까? "Si tacuisses, philosophus mansisses(당신이 침묵하였더라면 철학자로 남았을 것이다)"는 사람들 사이에서 자주 인용되는 라틴어 경구 중 하나다. 엄밀히 말해 이 문장을 읊조리는 이는 거기서 경고한 내용과는 반대로 행동하는 셈이다. 아무튼 일단은 넘어가기로 하자.

앞선 라틴어 인용문은 고대 로마 철학자 아니키우스 보에티우스가 쓴《철학의 위안》에 등장하는 글귀다. 그런데 이 문장을 잘

못 이해하면 자칫 곤란한 상황을 피하고 어물쩍 넘기라는 소리로 받아들일 수 있다. '아무것도 하지 않으면 아무 잘못도 하지 않는다'는 말처럼 말이다. "비판을 피하려면 아무것도 하지 말고, 아무 말도 하지 말고 아무것도 되지 마라." 이것은 아리스토텔레스가 말한 것으로 오해되고는 하는데 실은 미국의 철학자 엘버트 허버드_Elbert Hubbard_가 한 말이다.

물론 비판에서 벗어나는 방법으로는 탁월할지 모른다. 하지만 죽은 척 가만히 있는 것만으로도 잘못을 범할 수 있다. 물에 빠진 아이를 구하지 않는 자는 잘못을 저지르고 있는 것이다. 다가오는 기후 재앙 앞에서 나 몰라라 하고, 혹시나 하며 과학자들의 예측이 틀리기만을 바라고, 막연히 녹색소비나 미래의 새로운 기술 속에서 구원을 기대하는 자도 큰 잘못을 저지르고 있는 것이다. 주가를 띄우고 성과급을 챙기는 데에만 관심을 두는 경영자가 직원들을 부당하게 대하거나 회사를 나락에 빠뜨리는 모습을 지켜만 보고 있는 자들도 잘못을 저지르기는 마찬가지다.

가끔 요즘에는 엉뚱한 사람들이 보에티우스의 조언을 따르고 있는 것은 아닌가 하는 인상을 받기도 한다. 허무맹랑한 입장을 대변할수록 더욱더 목청을 높여 자기주장을 펼치기 때문이다.

이런 점에서 보에티우스의 문장은 두 가지 교훈을 준다. 첫째, 사사건건, 누구에게나, 바로바로 뭔가를 말할 필요는 없다. 현실 세계에서든 소셜 미디어에서든 말이다. 어떤 문제는 생각할 시간이 필요하고, 가끔은 아무 생각이 나지 않을 때도 있다. 그래도 상관없다. '전송' 버튼을 열심히 누른다고 해서 더 똑똑한 사람으로 비치는 것은 아니다. 때로는 입을 다무는 것이 더 효과적일 수 있다.

둘째, 뭔가 말해야만 할 타당한 근거가 있다면 말을 해야 한다. 보에티우스는 그저 말을 많이 한다고 더 똑똑하게 보이는 것이 아니라는 사실을 상기시킬 뿐이다. 물론 중요한 메시지가 있다면 비겁함이나 게으름 탓에 입을 다물어서도 곤란하다. 이런 경우 현명하게 보이는 것이 목적이 아니기에 더더욱 그렇다. 이런 논리는 인용한 문장을 통해서도 입증된다. 당신은 보에티우스가 침묵했더라면 그가 더 철학자다웠으리라 생각했겠는가? 천만에.

요약하면 이렇다. 그럴 만한 이유가 있다면 적극적으로 자기 목소리를 내고 사안에 관여한다. 하지만 단지 멋있게 보이고자 아무 소리나 지껄이지는 말자. 보에티우스의 말을 가슴에 새긴 사람이라면 소셜 미디어에서 시간을 허비하는 일을 지금 당장 멈출 것이다. 보에티우스가 지금 살아 있다면 공들여 소셜 미디어에 게시글을 작성해 올리는 일 따위는 하지 않을 테니까.

· 이 문장에서 깨달은 것 ·

침착함, 태연함, 주체성

아니키우스 보에티우스

37

"우리는 시시포스를
행복한 인간으로 상상해야 한다."

알베르 카뮈
Albert Camus
1913~1960

✳

프랑스의 작가, 언론인, 철학자.
그의 사상 중 중요한 많은 부분은 실존주의와 깊은 관계가 있다.

✻   시시포스(시지프)는 그리스 신화에 등장하는 인물이다. 헤르메스 신은 시시포스에게 산 정상으로 영원히 바위를 굴려 올리는 형벌을 내렸다. 산 정상에 도달하려는 순간 바위는 저절로 굴러떨어지고 시시포스는 똑같은 일을 처음부터 새로 시작해야 한다. 오늘날 분업화되고 지루하고 보람이 없는 일을 하는 것을 두고 '시시포스의 형벌'이라고 일컫는 데에는 이런 이유가 있다.

이 같은 일을 해야 하는 많은 사람이 카를 마르크스가 '소외 현상'으로 불렀던 상황에 관한 불만을 털어놓는다. (상상의) 컨베이어벨트 앞에 서서 똑같은 손동작을 반복해야 하는 처지를 두고 하는 말이다. 대체 무엇을 위해, 무엇 때문에? 공장의 생산 작업과 비슷한 일은 수없이 많다. 대부분의 사무실 업무도 따분하고 의미 없는 작업의 반복이라는 점에서 크게 다르지 않다.

1943년 알베르 카뮈는 온갖 수고에도 불구하고 삶이 살 만한 가치가 있는지 밝히고자 나섰다. 여기서 그가 주목한 것이 시시포스의 이야기다. 카뮈가 《시시포스의 신화》에서 내린 결론은 우리는 시시포스를 행복한 인간으로 상상해야 한다는 것이었다. 자연히 '왜?'라는 질문을 던지게 된다.

제2차 세계대전의 한복판, 카뮈는 다음과 같은 전제에서 출발했다. 삶은 무의미하고 부조리하다. 왜 살아야 하는가? 왜 자살을 선택하지 않는가? 이 논리를 거꾸로 뒤집으면 이렇다. 자살하지 않는 사람은 '삶은 살 만한 가치가 있는가?'라는 질문에 '그렇다'고 대

알베르 카뮈

답할 것이다.

그런 사람은 자신이 하는 일과 삶이 중요한 의미를 지닌 것처럼 하루하루를 살아갈 것이다. 하지만 언젠가는 죽음의 순간이 찾아오리라는 것을 잘 알고 있다. 카뮈는 우리가 하는 일들이 결국에는 무의미하다고 말한다. (물론 여기에는 이견이 있을 수 있다. 개개인의 행동은 좋은 쪽이든 나쁜 쪽이든 세계를 변화시켰다. 마찬가지로 여럿이 힘을 모아 거대한 변화를 일으키기도 했다. 그들이 거기서 기쁨을 느꼈는지는 별개로 하자. 이 점에서 시시포스가 던진 수수께끼는 여전히 풀리지 않고 있다.)

카뮈의 생각은 이렇다. 모든 것이 어떻든 상관없기 '때문에' 우리는 자유롭다. 잃을 것이 없다(그렇다고 얻을 것도 없다). 무엇을 할지는 오직 자신이 정한다. 행위를 통해 우리의 본질을 만들어간다. 이것이 실존주의의 기본 입장이다. 장 폴 사르트르, 시몬 드 보부아르, 쇠렌 키르케고르 같은 철학자들이 이런 철학의 흐름에 속한다.

우리는 비유적 의미에서 각자의 바위를 자신의 산 위로 밀고 올라가고 있다. 그러다 바위가 굴러떨어지면 처음부터 똑같은 일을 다시 시작한다. 이와 같이 의미 없는 일들이 끝없이 이어진다. 어째서 이런 삶이 우리를 행복하게 해준다는 말인가? 카뮈는 답한다. 시시포스는 자기가 해야 할 일과 하지 않아야 할 일을 정확히 알고 있었기 때문이다. 그의 운명은 오로지 그의 것이다.

이와는 다른 세계관에서 비롯한 깨달음을 통해 카뮈의 주장을 밝혀보자. '마음 챙김'이라는 주제가 최근 주목을 받고 있다. 마음 챙김이란 현재 일어나는 일을 아무런 가치 판단 없이 주의 깊게 알아차리는 것을 뜻한다. 명상할 때나 산책, 설거지, 업무를 할 때도 마음 챙김을 실천할 수 있다. 이 과정에서 자신이 하는 일을 깨어 있는 마음으로 관찰하는 동시에 그것에 대한 통제력까지 얻게 된다.

하필 이 순간 꼭 이 접시를 설거지해야 할 이유는 없다. 하지만 자발적으로 나서서 온 주의를 기울여 설거지한다면 의지와 행위가 일치하는 행복의 순간을 경험할 것이다. 카뮈도 비슷하게 시시포스를 상상했다. 시시포스는 산 위로 바위를 밀어 올리는 것 외에 다른 도리가 없었다. 그가 이 임무에 충실하기로 마음먹은 순간, 자신의 행위와 혼연일체가 될 수 있었다.

하지만 카뮈는 여기서 멈추지 않고 행위 자체에서 느끼는 행복을 뛰어넘는 또 다른 차원을 제시한다. 즉 견디기 힘든 외로움을 느낀 인간은 결국 타인과 연대할 수밖에 없다는 것이다. 그렇게 개개인이 맺어져 하나의 공동체를 이루고, 이들의 행위가 결국 세상에 영향을 주게 된다.

내가 카뮈의 철학에서 중요하다고 생각하는 것은 삶이 부조리한지 아닌지, 삶에 의미가 있는지, 그렇다면 어떤 의미인지 같은 질문이 아니다. 그보다 큰 도움이 되었던 것은 끝없이 반복되고 세세하게 분업화되어 나와는 상관없게 느껴지는 일들이 내 삶을 망가뜨리고 삶에 대한 만족감을 떨어뜨리는 것만은 아니라는 깨달음이었다. 자신이 하는 일과 하지 않는 일을 정확히 알고 있다면 이를 통

알베르 카뮈

해 편안함에 이르고 행복을 느낄 수 있다.

지루하고 반복적이고 내가 선택하지 않은 일이더라도 얼마든지 자기 일처럼 받아들일 수 있다는 생각은 신선한 해방감을 준다. 장보기, 집 안 청소, 세무 신고, 서류 정리, 아이 돌보기 같은 일이 모두 여기에 해당한다. 우리는 무의미에 반항하고, 이 반항 속에서 삶을 받아들일 수 있다. 다시 말해, 우리에게는 자신이 하는 일들을 긍정적으로 바라볼 자유가 있다. 지금 그대로의 모습, 있는 그대로의 상태에서 행복을 느낄 수 있다. 그리하여 불평과 짜증에서 벗어나 행복한 사람이 될 수 있다.

· 이 문장에서 깨달은 것 ·

행복, 마음 챙김, 자각, 만족

인생의 의미를 찾아가는 철학

50
philosophische
Erkenntnisse,

die das
Leben leichter
machen

· 4부 ·

세상 속의 나로 자리 잡는 철학

38

"오늘 네 삶을 바꿔라.
미래에 기대지 말라.
당장 행동하라."

시몬 드 보부아르

Simone de Beauvoir

1908~1986

✱

프랑스의 작가이자 철학자. 여성의 억압에 관한 분석과
현대 여성주의의 초석이 된《제2의 성》을 출간했다.

*   "게으름뱅이들은 늘 오늘은 곤란하고 '내일부터, 내일부터'라고 말하지." 어릴 적 할 일을 미룰 때마다 어머니는 이렇게 중얼거리고는 하셨다. 미루기는 사춘기 소년의 특권이자 강력한 무기였다. 어머니의 말은 프랑스 철학자 시몬 드 보부아르의 생각과도 매우 유사하다. 물론 "오늘 할 수 있는 일을 내일로 미루지 말라"도 내가 자주 들었던 말 중 하나다.

보부아르가 1984년 알리스 슈바르처*Alice Schwarzer*와의 인터뷰에서 했던 발언은 사람들이 흔히 하는 말을 고상한 언어로 포장한 것에 불과할까? 그렇지 않다. 보부아르에게 중요한 문제는 '할 일 목록*To-Do-List*'을 기한에 맞춰 완수하거나 타인의 나무라는 시선에서 벗어나는 것이 아니었다. 그보다는 '자기효능감'을 대변하는 것이었다. "미래에 기대지 말라"는 말은 자기 운명을 스스로 책임지라는 요구다. "오늘 네 삶을 바꿔라"라는 요구에는 누구도 완벽할 수 없지만 노력을 통해 우리가 바라는 이상적인 모습에 다가갈 수 있다는 생각이 담겨 있다. "당장 지금 행동하라"는 자신을 괴롭히지 말고, 머리를 싸매고 고민하는 대신 행동에 나서라는 뜻이다. 다소 일반적이지만 비슷한 취지로 '카르페 디엠 *carpe diem*(오늘을 유용하게 활용하라)'이라는 유명한 라틴어 격언도 있다.

보부아르의 주장에는 놀랍게도 희망과 결단, 실현 가능성이라는 삼박자가 고루 갖추어져 있다. 그녀의 주장은 간단히 말해 이런 뜻이기도 하다. '손안의 참새가 지붕 위 비둘기보다 낫다.' '모든 길

시몬 드 보부아르

은 처음 한 걸음부터 시작된다.'

보부아르는 우리가 뭔가를 바꿀 수 있고 또 바꿔야 한다는 사실을 당연시한다. 심지어 우리가 그것을 바란다는 것이다. 거기에는 더 건강한 삶을 살고, 더 친절한 사람이 되는 것, 환경을 보호하고 저축 계획을 세우고, 건설적인 방식으로 논쟁하는 것 등이 포함될 수 있다. 누구나 이 같은 '할 일 목록'에서 자신의 모습을 발견할 것이다.

지난 수십 년간의 경험으로 우리가 고통스럽게 얻은 교훈이 있다. '점점 좋아진다'는 말은 희망 사항이었을 뿐이다. '시장'과 '민주주의'는 평화와 자유를 보장하지 못했고 개발도상국의 기아 퇴치에 실패했고 기후 위기도 막지 못했다. 빈부 격차는 점점 벌어지고, 정부의 끝없는 약속에도 불구하고 국민은 노후 연금마저 보장받지 못하는 상황에 이르렀다. 그러니 우리도 미래만 바라보고 살아서는 곤란하다.

우리는 직접 행동에 나서야 한다. 입으로만 떠들고 고민하고 불평하는 대신 지금 할 일을 해야 한다. 물론 쉽지는 않다. 생각을 바꾸고, 다시 배우고, 포기할 것은 포기하고, 인내하면서 멀리 보아야 하기 때문이다. 하지만 기꺼이 우리의 가능성을 실현하고 싶지 않은가? 원하는 목표에 다가가고 싶지 않은가? 다만 그 길은 멀고도 험난하게 느껴진다. 장 폴 사르트르의 인생 동반자이기도 했던 보부아르는 망설이는 우리에게 삶의 동행이 되어주듯이 격려를 보낸다. 당장 시작하라고, 당신은 해낼 수 있다고.

시몬 드 보부아르는 대표작 《제2의 성》에서 "여성은 태어나는 것이 아니라 만들어지는 것이다"라는 유명한 문장을 남긴 바 있다. 그녀는 우리의 성 sex 을 사회적 상호작용에서 탄생한 구성물로 파악했다. 여성은 여성다움을 강요받지만, 다른 한편으로 그것은 성 역할을 새롭게 만들어갈 수 있음을 뜻한다. 고정되지 않은 것은 얼마든지 바꿀 수 있기 때문이다.

"네 삶을 바꿔라"라는 문구는 비슷한 생각을 더 넓은 영역으로 확장시킨다. 그렇다. 고정되지 않은 것은 바뀐다. 그렇다고 해서 바뀌기만을 기다리는 것은 안타까운 일이 아닐까.

너무 게을러지거나(어머니 말씀도 틀린 것은 아니었다) 의욕을 잃었을 때 보부아르의 문장은 나를 흔들어 깨운다. 그럼 그것이 어떤 일이 됐든 남을 위해서가 아닌 타당한 이유를 갖고 행동한다. 나는 내가 될 수 있는 모습에 다가가고자 얼마든지 노력할 수 있다. 그리고 빨리 시작할수록 쉽게 이룰 수 있고, 목표에 더 빨리 도달할 것이다.

· 이 문장에서 깨달은 것 ·

동기, 에너지, 결단, 낙천적 태도

시몬 드 보부아르

39

"삶이 던지는 과제는
어떻게 하면 게임을 잘할지가 아니라,
어떤 게임을 하는지 알아내는 데 있다."

콰메 앤서니 아피아

Kwame Anthony Appiah

1954~

✳

영국 출신의 미국 철학자, 문화이론가, 소설가. 세계시민주의 사상을 통해
인간이 어떻게 관계 맺고 살아야 하는지에 관한 통찰을 제시했다.

＊　　　일찍이 시작된 여성 운동을 비롯해 최근의 환경 운동 및 인종차별 반대 운동 등을 통해 드러난 사실이 있다. 많은 부유한 나라에서 뭔가가 근본적으로 잘못 돌아가고 있다는 점이다. 남녀가 동등한 권리를 누리고 모든 사람에게 인권이 적용되고 기후 위기를 막아야 한다는 데에는 누구나 동의할 것이다. 그런데 왜 그러지 못하는 것일까?

이런 대답이 가능할 것이다. 선진국에서 규범을 정하고 몸소 실천해야 할 여러 당사자가 차별 정책이나 화석연료 사용을 통해 이득을 보기 때문이다. 다시 말해 우리가 해야 할 일을 작심하고 실행에 옮길 때 그들은 불편해한다는 것이다. 다른 시각에서 보면 이렇게도 말할 수 있다. 자본주의적 이윤 추구와 가속 논리가 어느새 엉뚱한 분야로까지 확산되고 있다(학교, 가정, 병원을 비롯해 퇴직 연금 및 환경보호 분야 등).

1980~1990년대에는 시장의 자율적인 이해관계 조정 기능을 통해 모든 것이 최적화 상태에 이른다는 신자유주의 사상이 곳곳에 뿌리내렸다. 그에 따르면 모두가 스스로를 챙기면 그것이 곧 모두를 챙기는 것이다. 물론 당시 의료기관이나 전기통신 분야는 극히 비효율적으로 운영되고 있었기에 실제로 비용을 절감할 필요가 있었다. 마찬가지로 오늘날에는 친구 관계나 연인 관계 역시 결국 그것이 내게 유익한지 여부에 따라 평가된다. 그렇지 않다고 판단되면 현대인들은 그런 관계를 '해로운' 것이라 부르며 당장 정리

콰메 앤서니 아피아

할 것이다. 이쯤 되면 이런 생각이 들 만하다. 우리가 도에서 조금 벗어난 것이 아닐까? 아니 아주 많이 벗어나 있을지도 모른다.

앞의 인용 문장은 영국 출신 미국 철학자 콰메 앤서니 아피아가 2008년에 출간한《윤리학의 배신》에 등장한다. 이 깨달음이 상기시켜주는 것은 무엇일까? 탁월한 것, 최고의 자리만을 좇다 보면 삶에서 정말 중요한 것을 놓칠 수 있다는 점이다. 우리는 자발적으로 선택하지 않은 '게임'을 하고—또는 경주에 참여한다고 말해도 좋다—있는 것일지도 모른다.

기업들은 취업 시장에 뛰어든 MZ세대 구직자들이 온갖 전례 없는 요구 조건을 내건다고 불만이 많다. 예컨대 거기에는 높은 보수, 인격적 존중, 적은 근무 시간, 새로운 성과 지표, 더 많은 칭찬, 일과 삶의 균형(워라밸) 같은 것들이 포함된다. 아피아가 말하고자 했던 것을 이들이 앞장서서 우리에게 보여주고 있다고 할 수 있을까? 근사한 회사 차를 몰고 원하는 수준의 급여를 받지만, 그 대신 살인적으로 긴 시간을 일해야 한다면 그래도 우리는 만족감을 느낄까?

우리 사회가 어떻게 달라져야 할지에 관해 여러 청사진이 제시되고 있다. 더 활발히 연대하고 지역 중심적이며 주주들의 목소리에 휘둘리지 않는 사회가 대안으로 이야기되고 있다. 우리는 다양한 방식으로 세상일에 참여할 수 있다. 그것은 여러 가지 소소한 결정에서부터 시작된다. 동시에 우리에게는 늘 언제 어디서나 이렇

세상 속의 나로 자리 잡는 철학

게 말할 수 있는 선택권이 있다. 나는 당신들이 정해준 게임이 아니라 나의 게임을 할 것이다!

카를 마르크스는 종교를 '민중의 아편'이라 불렀고, 테오도어 아도르노와 막스 호르크하이머는 '문화산업이 대중의 시선을 돌려 더 나은 세상을 요구하지 못하게 한다'고 비판했다. 오늘날에는 소셜 미디어와 연봉 인상이 그 역할을 하고 있다. 기존 질서에서 이득을 보는 기득권층은 늘 있었다. 하고 싶은 일이 있다면 그것을 할 수 있을 때까지 기다려서는 안 된다. 우리는 지금 당장 시작할 수 있다.

아피아는 세계시민주의 *cosmopolitanism*의 보편성이 문화의 다양성에 우선한다는 주장으로 유명해졌다. 다시 말해 우리를 하나로 이어주는 것이 우리를 갈라놓는 것보다 더 중요하다는 말이다. 간호사인 브로니 웨어 *Bronnie Ware*는 《죽을 때 가장 후회하는 다섯 가지》라는 책을 쓰기 위해 여러 사람을 인터뷰했는데, 그 결과 다음과 같은 답변을 얻을 수 있었다. 우리도 대부분 이와 비슷한 대답을 하지 않을까.

"나 자신의 삶을 살 용기를 내지 못한 것을 후회해요."
"일에 너무 많은 시간을 쏟은 것을 후회해요."
"내 감정을 표현할 용기를 내지 못한 것을 후회해요."
"친구들과 계속 연락하지 못한 것을 후회해요."
"더 행복하게 살지 못한 것을 후회해요."

콰메 앤서니 아피아

여기서 후회한다고 말한 것 중에 당신이 하는 '게임'에 하나라
도 포함되는 것이 있는가?

· 이 문장에서 깨달은 것 ·

자유, 분노, 집중

세상 속의 나로 자리 잡는 철학

40

"신뢰란 타인의 선한 의도를
가정하는 위험을 감수하는 용기다."

니클라스 루만

Niklas Luhmann

1927~1998

✳

독일의 사회학자, 사회이론가.
사회 체계 이론과 관련해 유명한 사상가 중 하나이다.

＊　　"원만한 인간관계는 이쪽에서 먼저 베푼 신뢰를 먹고 산다." 사회학자 니클라스 루만이 말한 것으로 알려진 이 문장은 오래 전부터 집집마다 냉장고에 붙어 있다. 그런데 인터넷이나 소셜 미디어에서 쉽게 발견되는 이 문장을 정작 루만의 책에서는 찾아볼 수 없다.

비록 글자 그대로는 아니지만 루만은 비슷한 취지의 말을 했는데, 나는 거기에 크게 매료되었다. 루만은 《신뢰: 사회 복잡성의 축소 기제》라는 제목의 책을 썼는데, "신뢰란 타인의 선한 의도를 가정하는 위험을 감수할 용기다"라는 문장에는 책의 핵심이 잘 요약되어 있다. 대체 이것은 무슨 말인가?

차근차근 내용을 짚어보자. 이 문장은 우선 상대방에 관해 선한 의도를 가정하고 있다. 성공적인 인간관계를 가능하게 하는 진정한 열쇠가 여기에 숨어 있다. 루만이 한 말은 아니지만, "시기심이란 고통을 주는 것을 열심히 찾아다니는 열정"이란 말이 있다. 불신으로 가득하고 나쁜 의도를 의심하는 사람은—이들은 타인의 언행에서 트집을 잡고 비열하고 과대망상이 심하다—그만큼 자기가 의심했던 것을 쉽게 찾아낸다.

그러므로 우리 목표는 상대방에게서 선한 의도를 가정하는 것이다. 당연히 거기에는 위험이 따른다. 가정이 틀릴 수도 있기 때문이다. 상대는 내가 간과한 나쁜 의도를 숨기고 있을지도 모른다.

하지만 그런 위험조차 감수할 용기가 필요하다. 언제 그 같은 용기를 낼 수 있을까? 뜻하지 않은 상황이 벌어지더라도 의연하게 대처한다는 각오를 할 때다. 말하자면 이런 것이다. 나는 위험을 무릅쓰고 용기를 내어 상대방으로부터 선한 의도를 기대한다. 하지만 내 예상이 틀렸다. 상대는 선의를 갖고 나를 대하지 않는다. 한 방 얻어맞은 셈이지만, 그렇다고 세상이 끝난 것은 아니다.

그렇다면 이 같은 용기를 낼 수 있게 해주는 요인은 무엇일까? 다음 두 가지 질문에 관한 답이 그 실마리를 제공한다. 첫째, 좌절을 겪더라도 그 상황을 견딜 수 있는가? 둘째, 좀 더 중요한 질문으로, 내가 가진 불신을 뒷받침할 만한 타당한 근거가 있는가? 오히려 신뢰할 수 있는 근거가 더 많지는 않은가? 상대는 과거에 친절하고 믿음직스럽고 호의적이지 않았던가? 상대는 내게 피해를 줌으로써 어떤 이득을 얻을까? 오히려 나를 돕고 내 편에 설 때 득을 보지는 않을까?

이 두 질문을 늘 자신에게 던져보자. 그리고 타인을 지나치게 신뢰할 때 최악의 경우 어떤 일이 일어날지 떠올려보자. 만에 하나 최악의 결과가 나타나더라도 예상보다 별일이 아닐 때가 많다. 인간은 성공에 대한 즐거운 예감보다는 피해에 대한 두려움에 더 민감한 법이다. (열 번 뱀에 물리지 않더라도 한 번 물리면 나머지는 소용없는 것과 같다.)

과거의 일로 미래를 예단할 수는 없다. 우리는 배신에 대한 두려움이 때로는 다소 과장된 것이 아닌지 따져볼 수 있다. 냉정하게

니클라스 루만

판단해 당신의 친한 친구에게 문제가 되는 그 상대방을 신뢰하지 말라고 경고하겠는가? 그렇다면 어떤 이유에서인가? 그런 것이 아니라면 용기를 내어 스스로 신뢰 실험에 나서 보면 어떨까? 이런 실험 과정을 거쳐 우리는 루만이 말한 용기를 얻을 수 있을 것이다.

루만은 전후 중요한 사회학자 중 한 사람으로 꼽히는데, 그에 따르면 사회를 구성하는 다양한 하위 체계는 서로 상쇄될 수 없는 (마치 화폐와도 같은) 각각의 고유한 '코드'를 갖고 있다. 그리하여 정치에서는 권력, 경제에서는 화폐, 연구에서는 진리, 인간관계에서는 사랑이 무엇보다도 중요하다. 돈으로 사랑을 살 수 있을까? 권력으로 진리를 막을 수 있을까? 불가능하지는 않지만 쉬운 일은 아니다. 우리는 그런 경우를 일종의 배반으로 받아들일 것이다. 거꾸로 생각하면, 부가 (더 이상) 투표권의 선결 조건이 아니기에 가난한 이들도 투표장에 갈 수 있다는 뜻이기도 하다.

신뢰는 모든 것을 하나로 이어주는 접착제와도 같다. 루만이 이를 주제로 인간 심리와 삶을 살아가는 방법에 관한 책을 쓴 것도 그런 이유에서다. 비록 그의 책에는 첫머리에 인용한 유명한 문장이 등장하지 않지만, 루만의 어투와 잘 어울리는 그 말에는 그의 핵심 사상이 고스란히 담겨 있다. 무엇보다도 흥미로운 점은 그의 통찰이 가족이나 친구 관계를 뛰어넘어 훨씬 넓은 범위까지 적용된다는 것이다. 국가가 제대로 작동하는 것은 우리가 용기 있게 위험을 무릅쓰고 국가 기관의 선의를 믿기 때문이다. 일상에서도 마찬가지다. 소중한 내 돈을 내고 썩은 사과를 받게 되리라고 예상하면 과일을 사는 일이 유쾌할 리 없다. 아무 이유 없이 거리에서 체포당할지 모른다는 두려움에 떨어야 한다면 차라리 집에 가만히 들어앉아 있는 편을 택할 것이다.

아주 큰 규모에서부터 일상의 작은 범위에 이르기까지 모든 인간적 상호작용에서 '신뢰'야말로 각각의 하위 체계를 뛰어넘어 통용되는, 모두가 인정하는 유일한 화폐라 할 수 있다. 위험을 감수하고 신뢰를 보내지 않는다면 당장은 안전하다고 느낄지 모르지만 길게 볼 때 우리는 앞으로 한 발짝도 나아갈 수가 없다. 이런 이유로 우리가 그때그때 마주하는—배우자, 의류 판매자 같은—상대방도 신뢰를 중시한다. 삶에서 비동시적으로 이루어지는 주고받음은 신뢰 속에서만 가능한 일이다.

이제 당신이 선택할 차례다. 위험을 최소화하고 살아가면서 최대한 많은 사람을 불신하고 싶은가? 이는 피의자에 대한 유죄 추정의 원칙을 따르는 삶이나 마찬가지다. 아니면 당신은 타인의 선한 의도를 믿기 위해 얼마나 많은 위험을 감수하고 인내심을 가질 수 있는가? 그 선한 의도를 당장은 확인할 수 없더라도 말이다.

기꺼이 신뢰를 보내는 태도는 쉽게 껐다 켰다 하는 이진법 *on/off*의 원칙을 따르는 대신 시간과 함께 성장한다. 미국 심리학자 브레네 브라운 *Brené Brown*의 말대로 신뢰는 뚝딱 만들어지지 않고 오랜 시간에 걸쳐 조금씩 쌓여가는 것이다. 그렇다고 루만의 문장에

니클라스 루만

고무되어 무작정 '맹신'할 필요는 없다. 다만 그것을 우리가 갖기 쉬운 불신을 차근차근 검토하는 계기로 삼으면 좋을 것이다. 원한다면 우리는 자신을 위해서라도 기꺼이 남을 신뢰하는 마음을 먹을 수 있다.

이런 태도를 갖기 위해 노력하고, 좋은 인간관계의 긍정적 측면을 발견하고 인정하게 되면서부터 나의 만족감은 훨씬 커졌다. 게다가 위험을 무릅쓰고 자신들의 선한 의도를 믿으려는 나의 용기를 상대방도 함께 기뻐해주는 것 같다.

· 이 문장에서 깨달은 것 ·

용기, 신뢰, 평온, 기준

세상 속의 나로 자리 잡는 철학

41

"인간의 생명이 고귀하다는 관념은
중세적이다."

피터 싱어
Peter Singer
1946~

✴

오스트레일리아의 철학자.
저서인 《동물 해방》은 동물권 운동을 하는 사람의 지침서로 알려져 있다.

*   비건, 글루텐프리, 락토프리⋯. 집에 손님을 초대할 일이 생기면 내 마음대로 요리하는 대신 사전에 간단한 설문조사를 벌인다. 인원이 많아질수록 제약도 늘어난다. 심지어 어떤 친구는 "어떨 때는 사과와 생수밖에 내놓을 게 없어"라고 실토할 정도다.

이렇게 된 데에는 오스트레일리아 철학자 피터 싱어의 책임도 어느 정도 있다. 그의 이름은 동물의 권리를 주장한《동물 해방》으로 세상에 널리 알려졌다. 이 책을 비롯해 이후에 나온《실천윤리학》에서 그가 전하는 메시지를 요약하면 이렇다. 인간은 만물의 영장이라는 주장은 헛소리에 불과하다. 동물들도 고통을 느끼고 살기를 원한다. 따라서 도덕적 이유로 동물을 죽여도 된다는 법은 없다. 게다가 이를 위해 끔찍한 환경에서 사육하는 행위도 정당화될 수 없다.

우리가 동물을 죽일 수 있다는 사실로부터 그에 대한 우리의 권리를 이끌어낼 수는 없다. 그런 식이라면 사자가 사람을 잡아먹는 것도 '올바른' 일이다. 마찬가지로 인간이 오랫동안 식용을 목적으로 동물을 죽여온 사실을 근거로 그것이 일종의 '관습법'이라고 주장하는 것도 설득력이 떨어진다. 여성들도 오랫동안 권리다운 권리를 누리지 못했는데, 그럼 그것도 옳다고 하겠는가? 천만에!

나아가 싱어는 시간이 흐르면서 자의식을 갖추어가는 모든 생명체에 '인격'의 지위를 부여하자고까지 주장한다. 영리한 원숭이는 물론이고 몇몇 새 종류도 이에 해당한다. 싱어는 특정한 종에 속한다는 이유만으로 그 개체를 우대하는 태도를 가리켜 '종차별주의 *speciesism*'라 부른다. 그러므로 싱어는 호전될 가능성이 없는 의식불명의 환자보다 건강한 생쥐의 권리를 더 중요하게 여긴다. 생쥐가 앞으로 살날이 더 많다는 단순한 이유에서다.

물론 싱어의 입장을 두고 논란이 많다. 육식 비판과 개체의 권리에 대해서만이 아니다. 이 밖에도 그는 '효율적 이타주의 *effective altruism*'라는 개념을 도입했다. 싱어는 다음과 같이 말한다. 세상 어딘가에 고통 받는 존재가 있는 한, 고통을 덜 받는 존재는 이들을 도울 의무가 있다. 만약 연못가를 지나가다 물에 빠진 아이를 목격한다면 사람들은 당연히 그 아이를 구하려고 할 것이다. 또 그래야 할 도덕적 의무가 있다. 그렇다면 지구의 다른 곳에 사는 아이들이라고 해서 돕지 않아야 할 이유가 있을까?

여기서 핵심은 각자가 최대한 효율적인 방식으로 도와야 한다는 것이다. 직장마저 때려치우고 세계 곳곳을 돌아다니며 도움이 절실한 익사 직전의 아이들을 찾아 나서는 것은 그다지 효율적이라 할 수 없다. 만일 보수를 많이 받는 직업을 갖고 있으면서 공신력 있는 구호단체에 최대한 많은 돈을 기부한다면 훨씬 더 큰 영향력을 발휘할 수 있을 것이다. 빌 게이츠나 워런 버핏처럼 말이다.

물론 여기에도 문제가 없는 것은 아니다. 전 지구적으로 피해를 주는 (화석 에너지 소비, 패스트패션, 불투명한 금융 거래 등) 일을 하면서 두둑한 보수를 받는 이들이 고액의 기부를 통해 일종의 몸값을 지불함으로써 자신들이 져야 할 책임에서 벗어날 수도 있기 때문이다. 물론 이 점은 나로서는 잘 납득이 되지 않는 것이 사실이다.

어쨌든 싱어의 입장에 모두 동감하지 않더라도 그의 이의제기가 중요하다는 점만은 분명하다. 우리는 다른 동물들보다 훨씬 더 '나은'(그것이 어떤 의미이든) 존재인가? 그래서 그들을 우리 마음대로 다루어도 괜찮다는 말인가? 나는 여전히 육식을 하지만 전보다 양을 줄였을 뿐 아니라 이제는 사육 환경도 유심히 살핀다. 싱어의 주장을 제대로 이해했다면 할인매장에서 판매되는 공장식 축산으로 만든 소시지를 더 이상 목구멍으로 넘기기 힘들 것이다. 내가 알기로 철학자 싱어는 내가 택한 단계적 방식―아무 변화가 없는 것보다는 차라리 동물 사육 수를 줄이고 사육 환경을 개선하는 편이 낫다는 태도―에 절대로 만족하지 않을 것이다. 그는 원칙주의자이기 때문이다.

마찬가지로 나는 가난에 허덕이면서까지 무리하게 기부할 마음은 없다. 하지만 내 눈에 보이지 않는다고 모른 체하지 않고, 세상을 더 나은 쪽으로 바꾸고자 실천에 나서야겠다고 마음먹게 된 것은 모두 싱어 덕분이다. 여기서도 그는 나의 어중간한 태도가 불만스러울 것이다. 하지만 나로서도 어쩔 수 없다.

싱어의 주장들과 친숙해지면서 나는 일상 속 토론에서 상대방이 대변하는 그의 입장에 한결 호의적인 태도를 취할 수 있게 되었다. "동물들이 나를 위해 죽는 게 싫어"라고 누군가 말한다면 나는 이렇게 내 나름대로 옮겨 이해한다. '동물들은 고통에 민감하고 고통을 참을 줄 알고 기꺼이 살고 싶어 한다. 그러니 동물들을 아무 생각 없이 죽이거나 고통을 안겨줘서는 안 된다.' 또 "우리는 형편이 괜찮지만 세계 각지에서 비참한 일들이 벌어지고 있다"는 말을 들으면 '먼 지역이라도 어떤 식으로든 좋은 변화를 끌어내기 위해 네가 할 수 있는 일이 뭔지 생각해봐. 그리고 가능하다면 직접 나서봐'라는 말로 받아들인다.

정리하면 이렇다. 싱어 덕분에 나는 자신을 비판적으로 돌아보고 지금의 상황에 안주하지 않게 되었다. 솔직히 말해, 그럴 때면 썩 유쾌하지만은 않다. 하지만 더욱 진실에 가까워진 듯하다.

· 이 문장에서 깨달은 것 ·

솔직함, 이타심, 겸허함

피터 싱어

42

"행복을 증진하는 행위는 옳은 것이고,
행복과 반대되는 행위는 그른 것이다."

존 스튜어트 밀
John Stuart Mill
1806~1873

✳

영국의 사회학자, 철학자, 정치경제학자. 경험주의 인식론, 공리주의 윤리학,
자유주의적 정치경제 사상을 바탕으로 현실 정치에 참여했다.

＊　　　독일 보수 정당인 기민당 _CDU_ 사무총장을 지냈던 하이너 가이슬러 _Heiner Geißler_ 가 2005년 반세계화 단체 '아탁 _ATTAC_'에 가입한 사건은 적지 않은 이들에게 충격이었다. 세계적으로 만연한 약육강식의 '정글 자본주의'는 오늘날 많은 비판을 받고 있다. 기업들은 갈수록 일자리를 없애고, 직원들은 열악한 노동 환경에서 근무하고 있다. 이 모든 것이 주주의 이익을 위해 이루어지고 있다.

잇따르는 폭로를 통해 전 세계 수많은 갑부가 얼마나 파렴치한 짓을 벌이고 있는지 만천하에 드러나고 있다. 게다가 이들은 상상을 초월할 정도로 기후 파괴에 앞장서고 있다. 억만장자 한 명은 수백만 명의 보통 사람만큼이나 기후에 피해를 주고 있으며, 전 세계 최고 부유층은 세계 하위 50퍼센트에 속하는 이들보다 두 배나 더 많은 기후 피해를 일으킨다. 어떻게 이런 일이 가능할까?

그 원인은 공리주의 _Utilitarianism_ 에서 찾을 수 있다. 공리주의는 논리상 신념윤리와 대척점을 이룬다. 이마누엘 칸트를 비롯한 수많은 철학자에 따르면 인간은 내면의 목소리에 귀 기울여 자신이 진정 바르다고 여기는 일을 해야 한다. 이런 생각 뒤에는 모두가 바르게 행동하면 어떤 문제도 생기지 않는다는 논리가 깔려 있다.

영국의 제러미 벤담 _Jeremy Bentham_ 의 생각은 달랐다. 벤담은 19세기 공리주의 발전에 크게 이바지한 인물이다. 공리주의에서 행위를 평가하는 기준은 의도가 아닌 결과, 즉 유용함(라틴어 'utilitas'는 쓸모, 유용성을 뜻한다)이다. 그와 동시대인이었던 존 스튜어트

존 스튜어트 밀

밀은 그 이론을 더욱 발전시켜 유명하게 만들었다. 벤담과 밀은 모든 인간의 최고 목표는 '행복'이라는 전제에서 출발했다.

기본적으로 공리주의적 사고방식은 이해가 쉽고 실용적인 듯하다. 어떤 행위로 인해 상황이 나아진다면(행복을 증진시키면) 이는 긍정적으로 판단할 만하다. 상황이 악화된다면(행복의 반대되는 것을 낳는다면) 그 행위는 부정적이거나 잘못된 것으로 여겨져 금지되어야 한다.

하지만 여기서 여러 가지 문제가 드러난다. 첫째, 내게는 정원에서 한숨 자는 것이 더 큰 행복감을 주지만, 아이에게는 동물원에 가는 것이 더 큰 행복감을 준다면 어떻게 해야 할까? 벤담과 밀은 '더 많은 행복이 더 낫다'라고 주장한다. 하지만 내가 누리게 될 잠재적 행복과 타인의 행복을 어떻게 저울질할 수 있을까?

위의 사례를 더 복잡하게 만드는 요인이 있다. 즉 벤담과 밀은 행복의 양을 산술적으로 더할 수 있다고 보았다. 행운의 동전을 갖고 하는 보드게임을 상상해보자. 게임 참가자 네 명이 각각 10개씩 행운의 동전을 갖고 있다면 이는 모두 40개다. 반면 한 사람이 행운의 동전 50개를 갖고 있고 나머지는 하나도 없다면 동전은 모두 50개다. 즉 동전이 '더 많다'. 그리고 '더 많은' 것은—우리는 다시 '정글 자본주의'와 주주들의 입장으로 돌아왔다—더 좋은 것이다.

이 밖에도 흔히들 물질적 이익을 행복과, 또는 적어도 잠재적 행복과 동일시한다. 간단히 말하면 돈이 많은 사람은 더 많은 일을 할 수 있고, 그것이 행복을 낳는다. 벤담과 밀이 내건 전제는 단순하다. 모든 사람은 '행복'이라는 한 가지 목적만을 갖고 있고, 이 행복은 비교 가능하고, 가산될 수 있다는 것이다.

이를 쉽게 이해하려면 상반된 정치적 견해를 가진 각국의 스릴러물을 떠올려보면 좋다. 가령 비행기를 납치해 관중이 꽉 찬 축구장에 추락시키려는 테러리스트들이 있다고 하자. 이에 대해 다음과 같이 반대되는 주장을 펼친다.

최선의 선택은 밀밭 위를 비행 중인 비행기를 미리 격추하는 것인데, 그래야 사상자 수를 최소화할 수 있기 때문이다. (왜냐하면 죽음은 불행한 일이기 때문이다.) 이것이 미국 액션영화에 단골로 등장하는 논리다.

독일 수사물의 경우에는 문제가 훨씬 복잡해진다. 유럽에서는 일반적으로 사람의 생명을 서로 견줘가며 계산하지 않기 때문이다. 그러므로 축구장 관중의 목숨을 구하기 위해서 비행기를 사전에 격추한다는 것은 상상할 수 없는 일이다.

이런 이야기는 불필요한 시간 낭비인데다 상아탑에서나 벌어질 법한 토론이라고 말하는 사람도 있을 것이다. 하지만 그렇지 않다. 가령 사람들의 행동을 예측하기 힘든 도로의 상황을 떠올려보자. 한 아이가 찻길로 뛰어든다. 아이가 차에 치이거나, 아니면 운전자가 핸들을 돌릴 경우 차가 담벼락에 충돌하면서 운전자 자신이 다칠 수 있다. 자율주행차라면 사전에 어떻게 반응할지 프로그램을

존 스튜어트 밀

짜놓아야 한다. 즉 우리는 각각의 경우 어떤 피해를 감수할지를 미리 정해둘 필요가 있는 것이다.

행복을 저울질하고 서로 더하고 빼는 일은 우리 일상의 자연스러운 일부다. 첫 수확한 딸기는 가격이 상당하다. 그 돈을 지불할 만큼 딸기가 내게 주는 행복이 대단할까? 또 휴가지를 선택할 때 우리는 이런 질문을 던지고는 한다. 나는 산보다 바다에서 더 큰 행복감을 느끼는가? 여기까지는 그다지 특별할 게 없다.

일이 복잡해지는 것은 합산을 하면서부터다. 어떤 행위가 누군가에게는 엄청난 행복을(가령 재산을) 안겨주지만 나머지 사람들에게는 그렇지 못할 때 이 행위는 공리주의에 따르면 바람직한 것이다. 다시 말해 자본주의가 탐욕스러워질수록 공리주의적 시각에서는 '더 좋은' 것이다.

이것이 '최대 다수의 최대 행복'으로 불리는 원칙이다. '다수'라는 말 때문에 그럴듯하게 들리는 것도 사실이다. 마치 최대한 많은 사람이 최대한 행복해지는 것이 중요하다는 인상을 준다. 원래는 그런 의도였을지 모른다.

하지만 근대 이후 극단적으로 '행복'을 축적하는 일이 가능해지면서 평균의 왜곡 현상이 발생하기 시작했다. 즉 1,000명이 각각 1,000유로씩을 갖고 있다면(총 100만 유로), 이는 한 사람이 10억 유로를 가지고 나머지 999명이 한 푼도 없는 경우보다 적은 금액이다.

세상 속의 나로 자리 잡는 철학

누구나 이상하게 여길 법한 일이다. 서두에 언급한 가이슬러도 그랬을 것이다. 그렇다고 자원이나 행복을 똑같이 분배하는 식의 정반대 길을 가는 것도 해결책은 아니다. 언제 전체 결과를 비교하는 것이 의미가 있고, 언제 행위 자체만을 놓고 평가해야 할지를 배우고, 함께 토론하는 자세가 중요할 것이다.

아니면 반대로 생각할 수도 있다. 세계는 대체로 공리주의적으로 구성되어 있고, 전체적으로 보면 그 길이 크게 잘못된 것은 아니다. 따라서 이 같은 태도가 불러올 극단적 폐해에 대해 평가해보고 그것을 방지하는 길을 찾아 나서는 것이 바람직할 것이다.

우리는 어차피 모든 것을 가질 수 없기에 여러 선택지를 비교할 수밖에 없다. 그럴 때마다 벤담과 밀의 생각은 일상에서도 유용하다. 앞서 말한 첫 수확한 딸기는 나를 행복하게 하는가? 값싼 패스트패션이 나를 행복하게 하는가? 지금보다 더 많은 돈과 여가가 내게 필요한가? 내가 배우자를 위해 한 발짝 양보한다면 상대방의 행복은 내 불만족에 비해 더 커질까? 그리고 나는 그 둘을 서로 저울질할 수 있을까(또 그러기를 원하는가)? 그렇다면 대체 어디에서 저울질을 멈출 수 있을까?

이마누엘 칸트가 말한 의미에서 그 어떤 것으로도 만회할 수 없는, 타협 불가능한 지점이란 존재하는가? 일단 최대 다수의 최대 행복이라는 개념부터 명확히 이해하자. 그래야 비로소 언제 이익을 우선시하는 방식을 용인할지, 언제 그것을 피할지에 관해 성찰할

존 스튜어트 밀

수 있다. 그리고 늘 깨어 있는 태도로 이런 결정들을 내릴 때 우리는
더 행복해질 것이다.

다양한 잣대들, 평가 기준

세상 속의 나로 자리 잡는 철학

43

"각자가 아는 지식에는
큰 차이가 있지만,
무한한 무지 속에서는
모두가 동등하다."

칼 포퍼
Karl R. Popper
1902~1994

✳

오스트리아에서 태어난 영국의 철학자.
과학 철학뿐 아니라 사회 및 정치 철학 분야에서도 많은 저술을 남겼다.

*   도널드 럼즈펠드*Donald Rumsfeld*는 미국 국무장관 시절
한 인터뷰에서 군 기관이 제대로 정보를 확보하고 있는지 묻는 질
문에 이렇게 답했다. "글쎄요, 우리가 그것을 알고 있다는 것을 아는
일들이 있습니다. 그리고 우리가 모른다는 것을 아는 일들이 있습
니다. 또 우리가 모른다는 사실조차 알지 못하는 일도 있습니다." 럼
즈펠드의 말은 어디 하나 틀린 데가 없다. 우리는 뭔가를 알고 있을
때는 그 점을 잘 알면서도 우리가 모르는 것은 절대 알지 못한다. 또
우리가 그것을 모르는 것은 우리가 그것을 모른다는 것을 모르기
때문이기도 하다.

설상가상으로 오스트리아 출신 영국 철학자 칼 포퍼가 말했
듯 우리의 지식은 제한적일 수밖에 없는 반면 무지는 무한하다. 포
퍼는 《추측과 논박》에서 이렇게 말한다. "우리가 알고 있는 다양한
지식 조각에서는 크게 다를 수 있지만, 무한한 무지에서 모두가 동
등하다는 점을 가끔씩 떠올리면 좋을 것이다."

왜 그럴까? 지식은 한정되어 있다. 한 사람이 가진 지식은 전
부 목록으로 만들 수 있다. 물론 시간이 걸릴 테지만 충분히 가능하
다. 인류가 보유한 지식에 대해서도 마찬가지다. 그간 축적한 지식
을 계속 찾아내다 보면 언젠가는 우리가 아는 모든 것을 하나의 목
록에 집어넣을 수 있을 것이다. 반면 우리의 무지가 무한하다는 것
은 꽤 설득력 있는 주장이다. 우리는 우리가 뭘 모르는지 알지 못하
기 때문이다.

포퍼의 생각은 사회심리학에서 '조하리의 창 *Johari window*'으로 알려진 이론과도 비슷한 점이 있다.

	자신이 아는 부분	자신이 모르는 부분
다른 사람이 아는 부분	공개된 개인, 일반적 지식	보이지 않는 영역
다른 사람이 모르는 부분	자신의 비밀	미지의 영역

오른쪽 하단에는 무한히 큰 무지가 자리하고 있다. 내가 모르는 것이 대체 무엇인지 나도 아직 모르기 때문이다. 일상에서는 '보이지 않는 영역'(오른쪽 가운데 부분)도 시선을 끈다. 타인이 나에게서 발견하거나 나에 대해 알지만, 나 자신은 무지하거나 알아채지 못하는 것이 여기에 해당한다. 흥미로운 점은 내가 아는 것보다 내가 (나와 다른 사람, 세계에 대해) 모르는 것이 더 많을 수밖에 없다는 사실이다. 후우. 우리는 이런 이야기를 들으면 한결 겸허해질 수밖에 없다.

그런데 이것이 전부가 아니다. 포퍼는 빈학파와 함께 '과학적 진술이란 무엇인가'를 규정한 장본인이다. 이들에 따르면 어떤 주장이 과학적인지 여부는 그것이 반증이 가능한지에 달려 있다. 다시 말해 그 정반대의 경우를 입증할(또는 입증 못 할) 가능성이 있어

칼 포퍼

255

야 한다. 그전까지만 해도 사람들은 어떤 가설을 적극적으로 입증할 수 있다는 전제에서 출발했다. 예컨대 중력의 경우도 그렇다. 어디서나 관찰할 수 있기에 중력은 존재해야 한다는 것이다.

'반증'의 유명한 사례로 검은 백조가 있다. 우리가 목격하는 대부분의 백조는 흰색이다. 이로부터 모든 백조가 희다는 결론을 끌어낼 수 있을까? 아마도 그럴 것이다. 단, 첫 번째 검은 백조를 만나기 전까지만 그렇다. 펑. 드디어 이론이 무너졌다!

핑크빛 백조도 있을까? 우리는 알지 못한다. 아직까지 그런 백조를 본 사람은 없다. 따라서 '핑크빛 백조는 존재하지 않는다' 또는 '모든 백조는 희거나 검다' 같은 가정들은 입증이 불가능하다. 하지만 핑크빛 백조를 발견한다면 '반증이 가능하다'. 그때까지는 핑크빛 백조가 없다는 가정하에 연구를 이어갈 수 있다.

이렇듯 포퍼는 입증되었다고 여겨진 '사실들'을 반증 가능한 가정들로 일거에 강등시켰다. 다시 말해 진술의 과학성은 반대증거 또는 보다 정확한 공식에 의해 반박될 때까지만 인정된다.

포퍼의 통찰 가운데 최근 몇 년 사이 우리 일상에서 중요성이 부각된 것이 있다. 여러 주제와 관련해 비과학적이라 할 만한—또 논박이 불가능한—여러 주장이 제기되었다. 이에 대해 '그것은 반증이 불가능하므로 그 자체로 비과학적이다'라고 생각할 수도 있을 것이다. 하지만 반증 가능성은 어떤 주장이 참인지 그릇된 것인지, 의미가 있는지 무의미한지, 또 논의할 가치가 있는지 없는지에 대해서는 아무 말도 해주지 않는다.

난무하는 각종 음모론에서 우리를 당혹스럽게 하는 것은 포퍼가 '강화된 독단주의'라 불렀던 측면이다. 이런 주장들에 대해 철학계에서는 '면역화 *Immunization*'라는 용어를 사용하기도 한다. 독단주의는 온갖 사안에 관해 복잡한 설명을 내놓지만 동시에 아무것도 말하지 않음으로써 모든 유형의 비판을 막는다. 이 경우 극히 광범위하게 이해될 수 있는 개념이 들어간 '공허한 문구'가 사용되고는 한다.

예를 들어 스위스 출신의 세계적 신학자 한스 큉 *Hans Küng*은 신에 대해 이렇게 정의한다. 신은 "사물의 중심부에, 인간 속에, 인류사와 세계 속에 자리한 절대적이면서 상대적인, 차안과 피안을 아우르는, 초월적이면서 내재적인, 만물을 포괄하면서 지배하는 가장 현실적인 현실"이다. 이 밖에 이마누엘 칸트의 다음과 같은 유명한 문장도 누구나 동의할 만한 진술에 포함된다. "너 자신의 이성을 사용할 용기를 가져라!"(라틴어 격언 '과감히 알려고 하라 *Sapere aude*'를 차용한 말이다.) 아니 이게 무슨 말인가? 대다수에 맞서서 파충류 인간을 믿는 것이야말로 용기 있고 현명한 일일까? 아니면 정반대로 파충류 인간에 관한 주장들을 헛소리로 치부하는 것이 용기 있고 현명한 일일까?

이처럼 겉만 번지르르한 주장 속에 사람들은 자기가 원하는 의미를 넣어 제멋대로 해석한다. 어느 철학과 교수는 내게 이런 말

칼 포퍼

257

을 들려준 적이 있다. "사람들은 이성理性에 관해 이야기를 할 때마다 말이 꼬이고는 하더라고요." 물론 우리 모두는 이성, 존엄, 신 같은 문제에 관해 나름의 생각을 갖고 있다. 하지만 그것들은 각자가 다르게 마련이다. 그러므로 호의를 갖고 서로 의견을 교환할 수는 있어도 그에 관해 비판적 토론을 벌이는 일은 쉽지가 않다.

뉴에이지 신봉자들 사이에서 자주 들리는 대답 중 하나로 이런 말이 있다. '당신이 가진 의심이야말로 당신의 마음의 벽이 얼마나 단단한지, 또 세상의 견해가 얼마나 잘 먹히는지 보여준다.' 다시 말해 더 이상 문제 자체에 대해 언급하지 않는다. 이들이 내놓는 주장에 대한 증거도 없지만 반대증거도 없다. 대부분 황당무계한 주장이기 때문이다. 그런데 혹자는 이렇게 말한다. 반대증거가 없다면 그것이 바로 과학성을 입증해주는 것이 아닌가. 포퍼도 그렇게 말하지 않았던가.

아니, 그렇지 않다. 포퍼에 따르면 과학 이론의 특징은 해당 이론을 논박하기 위해 무엇이 반증되어야 하는지를 정확히 언급한다는 데 있다. 단순히 '그 반대를 입증해봐!'라고 큰소리치는 것만으로는 부족하다.

이런 식의 대화는 흔히 말은 많지만 내용은 빈약하다. 과학과 과학이 아닌 것의 차이는 다음과 같다.

- 상투적 표현을 써서 자기주장을 제기하는 사람은 대부분 자

신의 독단주의를 면역화시켜 보호하고자 한다.

• 물론 우리는 늘 모르는 것이 더 많을 수밖에 없다. 그렇다고 우리가 (확실하게) 알지 못하는 것이 모두 진실이라는 뜻은 아니다.

• 진정한 과학자는 자신의 이론에서 반대증거를 통해 반론될 수 있는 핵심을 정확히 짚어낸다.

· 이 문장에서 깨달은 것 ·

무지에 대한 앎, 주체성, 지식과 의견의 차이

칼 포퍼

44

"못쓰게 되기 전
자기 삶에 유익한 만큼은
노동을 통해 소유해도 좋다.
그 이상은 자기 몫을 초과하는 것으로
타인의 소유다."

존 로크

John Locke

1632~1704

*

잉글랜드 왕국의 철학자, 정치사상가.
그의 사상은 인식론과 정치철학에 큰 영향을 주었다.

＊　　　　"얼마나 돈을 벌어야 집을 살 수 있나요?" 한번은 딸이 이렇게 물었다. 내가 들려준 대답에 딸은 크게 실망했다. 언제부터인가 자기가 번 돈으로만 집을 사기가 힘들어졌다. 다시 말해 돈 모으는 데 성공한 이들을 보면 대부분 유산을 물려받거나 일찌감치 상당한 재산을 증여받은 경우다. 그도 그럴 것이 이미 집값의 절반이나 전부를 지불한 집에 살고 있는 사람은 매달 나가는 집세를 아낄 수 있다. 그렇게 아낀 돈으로 주식 투자를 하거나 또 다른 집을 사들여 세를 줄 수 있다. 하지만 꾸준히 월세를 내야 한다면 주택 구매에 필요한 돈을 모으기가 매우 힘들어진다.

물론 이런 일반론에는 예외도 있다. 로또에 당첨되거나 투자 등을 통해 빠르게 재산을 축적한 뒤 초소형 주택에 입주해 저렴하게 자급자족 생활을 시작하는 것이다. 불가능한 일은 아니지만 실현 가능성이 높은 계획은 아니다.

사회 전체로 볼 때 바람직하고 정당한 것인지 논란이 많은 개념 중 하나가 바로 '사유재산 제도'다. 사유재산을 옹호하는 쪽에서는 이렇게 주장한다. 내가 내 재산을 갖고 마음대로 할 수 있다면 자녀에게 재산을 물려준다 한들 무슨 문제인가. 그러니 질투 섞인 논쟁으로 나를 괴롭히지 말라! 이는 '성과에는 이익이 따라야 한다'는 자유 지상주의자들의 주장과 궤를 같이한다. 하지만 이제는 성과가 아닌 상속으로부터 이득을 취하고 있는 실정이다.

영국 철학자 존 로크의 사유재산 개념은 지금 벌어지는 논쟁

존 로크

에 실마리를 제공한다는 점에서 주목할 만하다. 로크는 누구나 자기 자신에 관한 소유권이 있다는 전제에서 출발한다. 나아가 인간은 자신의 노동을 추가해 자연물을 자기 것으로 만들어 사유재산을 획득할 수 있다. 예컨대 토지를 경작하는 이는—늦어도 몇 년 뒤면—토지의 소유자가 되고, 사과나무에서 열매를 따면 자기 것으로 삼아도 된다. 다만 분업이 시작되면서 사정은 복잡해진다. 친구들과 함께 암소 한 마리를 키우고 나서 누군가가 소를 도축해 부위별로 잘라놓았다면 그 소고기는 누구 것일까?

그런데 지금 상황과 관련해 훨씬 중요해 보이는 것은 로크가 《통치에 관한 두 번째 논고》에서 내건 단서 조항들이다. 첫째, 우리는 스스로 사용할 수 있고 필요한 만큼만 재산을 취득해야 한다. 그러면 최근 주목받는 '슈퍼 갑부' 현상 따위는 불가능해진다. 둘째, 항상 타인을 위해 충분한 재화가 남아 있어야 한다. 로크가 살았던 당시에 그것은 이런 의미였다. 즉 내게 필요한 것 이상의 토지를 사용하거나 소유해서는 안 되고, 나와 같은 일을 하려는 다른 사람이 쓸 수 있게 충분한 토지를 남겨두어야 한다.

오늘날 우리는 풍요 사회에 살고 있다. 내 경제력이 허용하는 범위에서 아무리 많은 티셔츠를 사 입더라도 나머지 수요자들이 전혀 부족함을 느끼지 못할 만큼 티셔츠가 남아돈다. 망고나 TV도 마찬가지다. 심지어 코로나19 팬데믹 초기에 목격된 화장지나 밀가루 품귀 현상 같은 단기간의 공급 부족 현상도 신속히 해결된다.

그런데 모두에게 충분히 돌아가지 않는 재화도 있다. 특히 토지가 그렇다. 오늘날 주인 없는 땅을 직접 일궈 자기 것으로 만들려는 사람이 있다면 그런 땅을 발견하기까지는 아주 오랜 시간이 걸릴 것이다. 안타깝지만 누군가의 조상이 이미 일찌감치 땅을 차지했기 때문이다.

하지만 모두가 자기한테 필요한 것만 소유한다면 상황은 달라질 것이다. (그러려면 만족스러운 삶이란 무엇인지, 모두가 똑같은 것을 소유해야 하는지, 타고난 경쟁심과 로또 당첨 같은 행운의 문제를 어떻게 해결할지에 관한 논의가 먼저 필요하다. 나는 결코 단순한 문제라고 보지 않는다. 다만 로크의 인식 덕분에 세상을 보는 눈이 달라졌다고 말하고 싶은 것이다.)

부의 축적이 정당한 것인지, 사회적으로 더 바람직한 분배 제도는 없는지에 대한 논의는 매우 흥미롭다. 크리스티안 노이호이저 *Christian Neuhäuser*가 쓴 《우리는 얼마만큼 부자가 되어도 좋을까? 탐욕, 시기심, 정의에 관하여》는 이 문제에 관한 훌륭한 안내서다. 이 작은 책에서는 '부는 (늘) 불공정한가'라는 문제를 다루고 있다. 사실이 그렇다면 그 이유는 뭘까? 아니면 그것은 부자가 되지 못한 우리들의 질투심에서 나오는 소리일까? 특히 저자는 부의 문제를 공정하게 해결할 여러 유익한 제안을 내놓고 있다.

그나저나 내 개인적 만족감을 위해서는 로크의 생각을 거꾸로 따라가 보는 쪽이 더 유익해 보였다. 만인의 만인에 대한 경쟁이라는 관념과 작별하고 내가 필요한 것만을 소유한다면 어떤 일이

존 로크

벌어질까? 그러면서 나는 만족스러운 삶이란 무엇일까를 생각하기 시작했다. 얼마나 많은 (물질적) 보장이 필요한가, 얼마나 많은 소유와 사치, 여가가 필요한가?

지금 우리 사회에는 그칠 줄 모르는 탐욕이 깊이 뿌리 박혀 있다. 유일하게 중요한 가치는 성장이다. 국내총생산GDP의 성장은 삶의 만족감을 높이는 으뜸가는 요인으로 취급된다. '쉬는 자는 녹슨다'라는 구호 아래 사적 영역에서는 '개인의 성장'이 요구된다. 개개인의 목표는 광고와 남들에 대한 시선을 통해 규정된다.

꼭 그래야만 할까? 그보다는 자신이 직접 사용할 수 있고 필요한 것만을 갖고자 노력해보면 어떨까? 노동을 통한 소유권 획득이라는 로크의 사상을 현대인의 삶에 적용하기란 쉬운 일이 아니다. 내 경우 거기서 이끌어낸 결론은 다음과 같다.

첫째, 사람들은 대부분 조립된 채 배달되는 가구보다 자신이 직접 조립한 가구에 더 애정을 느낀다. 그런 의미에서 나는 내가 하는 작업에 대해 이른바 '일의 자부심'을 더 많이 느꼈으면 좋겠다고 생각했다. 그리하여 내 노동력을 더해서 정신적으로라도 내 것으로 만들고 싶은 프로젝트가 무엇인지 좀 더 자세히 검토하기 시작했다. 모두가 자신이 매일 하는 일을 억지로 하는 것은 아닌지 가끔씩 점검해보면 어떨까.

둘째, 내게 필요한 것만 갖고 나머지는 남들을 위해 남겨두자는 태도를 갖는다면 무절제한 탐욕에서 벗어날 수 있다. 나는 불필요한 자원 낭비를 피하게 되었다. 전보다 물건을 구매하는 일 자체가 줄어들었다. 정말 또 한 벌의 청바지가 필요할까? 그럴 때도 있지만, 대부분은 아니다. 나중에 떠날 휴가 여행을 생각하며 정말 더 오랜 시간 일하기를 원하는가? 그럴 때도 있고 아닐 때도 있다. 동시에 이런 생각을 해본다. 주변 사람들에게 나는 사회적으로 책임 있는 태도와 행동을 취하고 있는가? 아니면 그것이 다른 사람에게 돌아갈 계약 주문이든 관심이든 발언 시간이든, 그들에게 필요한 것을 내가 빼앗고 있는 것은 아닌가?

나는 언제나 일하는 것을 좋아했다. 내 직업을 사랑하고 글쓰기와 생각하기, 자료 찾기를 좋아한다. 이제 나는 훨씬 편안하게, 문제없이 세상 속에 뿌리내린 기분이다.

· 이 문장에서 깨달은 것 ·

척도, 절제, 일의 자부심

존 로크

45

"여자로 태어나는 것이 아니라
여자로 만들어지는 것이다."

시몬 드 보부아르
Simone de Beauvoir
1908~1986

✳

프랑스의 작가이자 철학자. 여성의 억압에 관한 분석과
현대 여성주의의 초석이 된《제2의 성》을 출간했다.

✻ 또다시 젠더 논쟁인가? 그렇기도 하고 아니기도 하다. 시몬 드 보부아르의 대표작《제2의 성》에 나오는 이 유명한 문장은 오늘날 활발히 논의되는 '다양성' 문제와는 별 상관이 없다. 그럼에도 불구하고 작금의 다양성 논쟁과 관련해 인식의 지평을 넓혀주는 데 큰 도움을 준다.

일단 보부아르의 문장을 하나하나 살펴보자. 보부아르에게 중요한 것은 생물학적 성별이 아니라 사회라는 틀에서의 여성이라는 존재였다. 즉 사회문화적 발언이었다.

오늘날 우리가 "여자아이도 굴삭기 장난감을 갖고 놀 수 있어" 또는 "여자아이라고 분홍색 옷만 입을 필요는 없어"라고 말한다면, 이 모두가 보부아르의 입장을 충실히 대변하는 것이라 할 수 있다. 보부아르는 소녀와 소년 ─ 즉 여성과 남성 ─이 주변에서 기대하는 전형적인 모습을 타고난다는 가정을 부인했다. 이와 반대로 생물학적 차원과 무관하게 사회의 압력이 한 소녀를 '전형적인 여성'으로 만든다고 생각했다. 나아가 여성들은 늘 남성에 예속된 채 남성과의 관계를 통해서만 규정된다고 주장했다.

1949년《제2의 성》이 처음 세상에 나오고 어느덧 70여 년이란 세월이 흘렀다. 당시 보부아르의 발언은 큰 논란을 불러일으켰다. 자기 자녀를 비롯해 주변 사람에 대해 전통적인 성 역할을 기대하는 이들이 적지 않은 현실에서 보부아르의 통찰은 여전히 시사하는 바가 크다.

시몬 드 보부아르

여성이 여성으로 세상에 태어나는 것이 아니라 그렇게 만들어지는 것이라면 완전히 다른 여성상을 그려보는 것도 얼마든지 가능하다. 이 같은 가능성을 열어준 것이야말로 보부아르의 문장에 담긴 위대한 힘이라 할 수 있다. 나아가 '여자란 이렇다'라는 전제가 모두 엉터리라면 '남자란 이렇다' 또는 '남자는 화성에서 오고 여자는 금성에서 온다' 같은 식의 이야기들도 모두 사라져야 한다.

그럼 결국 모두가 똑같다는 뜻일까? 아니다. 오히려 정반대다. 첫째, 우리는 모두가 각자 다르다. 둘째, 전부는 아니지만 특정 성별의 다수에게서 전형적으로 나타나는 특성이 있을 수 있다. (질문이 있다. 특정한 사회 속에서 자라며 습득한 것이 아니라 이같이 타고난 특성 중 머릿속에 떠오르는 것이 있는가?) 셋째, 사회적으로 정해지는 다양한 범주의 특성이 존재한다. '여성은 예민하다' 또는 '여성은 계산에 약하다' 같은 속설은 '평균적으로 대다수 여성은 같은 키의 남성에 비해 몸무게가 덜 나간다'라는 말보다 더 터무니없는 주장이다.

이로써 우리는 생물학적 요인(성sex)과 사회적 요인이 어우러져 성 정체성(젠더gender)이 만들어진다는 사실을 알 수 있다. 보부아르가 말한 내용은 사회적 요인과 관련된 것이다. 최근 들어 생물학적 성별을 두고 한바탕 논란이 벌어지기도 했다. 나는 비록 법률가도 생물학자도 아니지만 이 점만은 말해두고 싶다. 누군가 자기 몸에 대해 불편함을 느껴서 남성, 여성, 또는 '다성divers(남성이나 여성이 아닌 제3의 성별 – 옮긴이)'이 되기를 바란다면, 게다가 적절한 심리적, 의학적인 보살핌을 받는다면 그것이 어째서 사회 공동체의 근간을 흔든다는 말인가?

유전적 특성과 사회화 과정에서 형성된 특성의 경계는 명확하지 않다. 남성은 전반적으로 여성보다 더 거칠고 투박할까? 그럴지도 모른다. 예컨대 기업 경영이나 스포츠 분야에서 활동하는 여성 중에 공격성의 관점에서 남성과 겨룰 만한 이들이 있을까? 물론이다. 유난히 감수성이 풍부한 남성도 있다. 또 자신이 여성이나 남성으로 분류되지 않을 때, 자기 행동이 특정 성에 부합하거나 또는 어디에도 부합하지 않을 때 더 편하게 느끼는 이들도 있다. 여기서 생기는 문제들은 주변에서 충분히 감당할 수 있으리라는 것이 내 생각이다.

따라서 여자로 태어난 것이 아니라 여자로 만들어진 것이라는 보부아르의 문장은 최근의 논의에도 얼마든지 적용될 수 있다고 생각한다. 여성도 남성과 마찬가지로 무한한 잠재력이 있다. 하지만 이 잠재력을 펼치며 살아가기가 쉽지 않은 것이 현실이다. 고정된 여성상에 머무르기를 요구하는 이들이 아직도 많기 때문이다.

더 안 좋은 소식이 있다. 독일의 경우 배우자의 폭력으로 피해를 입는 여성의 수가 시간당 13명을 웃돌고, 매일 같이 전·현 남성 배우자에 의한 살해 시도 사건이 발생한다. 또 3일에 한 번꼴로 전·현 배우자의 손에 의해 여성 1명이 목숨을 잃는다. 이 밖에 트랜스젠더에 대한 범죄도 연간 200건에 달한다. 알려지지 않은 사례는 이보다 훨씬 더 많을 것이다.

시몬 드 보부아르

이 모두가 가부장적 사회의 잔재라 할 수 있다. 이 사회는 겉으로 볼 때 남성들이 살기에 아주 편한 곳이다. 보부아르의 말대로 여성들은 이 같은 억압을 거부하고 자유롭게 자신을 발전시켜야 한다. 그런데 이것이 장기적으로는 남성들에게도 이득이라는 사실이 최근 연구를 통해 밝혀졌다. 남성도 더 많은 자유를 누리게 되고 규제를 덜 받기 때문이다.

그럼에도 여전히 사회적 저항이 만만치 않다. 동시에 집 안에 머물며 아이와 가정을 돌보고 싶어 하는 여성이 있으면 이 역시 어느덧 비난의 대상이 되고 만다. 그리고 이렇게 주장한다. '잘못'을 저지르는 것은 괜찮다. '옳은' 것이란 없기 때문이다. 결국 문제는 다시 여성에게 있는 것이 된다.

《제2의 성》이 출간되고 40여 년이 지난 뒤 미국 철학자 주디스 버틀러 *Judith Butler*는 저서 《젠더 트러블》에서 같은 주제를 다루었다. 버틀러는 페미니스트 관련 저서들이 흔히 이분법적 시각에 머물러 있다고 비판한다. 그러면서 애당초 단일한 성별 범주란 존재하지 않는다고 주장한다. 인종적, 문화적, 계급 특수적인 배경 역시 우리를 특징짓는 요인이라는 점은 별개의 문제로 하더라도 말이다. 또 버틀러에 따르면 "생물학적 요인들"은 젠더를 이루는 다른 측면들과 마찬가지로 "담론적으로 생산된"(즉 대화와 논쟁 속에서 생산된) 것이다. 젠더는 항상 언어 행위를 통해서만 발생한다.

버틀러의 글은 보부아르보다 이해하기 힘들 때가 많다. 버틀러의 말은 '정확히' 무엇을 의미하는가? 이에 대해 학자들도 의견이 분분하다. 나는 버틀러를 보부아르의 정신을 이어받은 철학자라고 생각한다. 두 사람 모두 어째서 우리가 어른이나 아이 할 것 없이 부자유스럽고 일차원적인, 생기 없는 역할에 틀어박히기를 그만둬야 하는지에 대한 훌륭한 근거를 제공해준다. 매니큐어를 바른 남성, 공사장에서 일하는 여성, '제3의 성'을 가진 인사과 직원은 어떤가? 주차에 능숙한 여성, 단추를 다는 남성, 빵을 굽는 '제3의 성'을 가진 사람은 또 어떤가?

우리는 이런 모습들을 한결 가볍게 열린 마음으로 지켜볼 수 있다. 그럴 때 비로소 모두가 자유롭게 살아갈 공간이 활짝 열릴 것이다. 혹시나 이 세상이 훨씬 불안정해지고 예측 불가능한 곳으로 변하지는 않을까? 절대 그렇지 않다.

개인적인 고백을 해야겠다. 나는 여러 차례 시도 끝에 비로소 젠더와 성적 정체성이란 주제를 진지하게 받아들일 수 있었다. 그만큼 기존의 이분법적 구조가 이해하기도 쉽고 사회에 굳건히 뿌리 내리고 있었던 것이다. 그런 이유로 보부아르와 버틀러의 생각들은 여전히 중요하다고 생각한다. 자신의 편견을 있는 그대로 바라보게끔 하는 훌륭한 자극제로서 말이다.

· 이 문장에서 깨달은 것 ·

편견에서 벗어나기, 열린 태도, 관심, 관용

시몬 드 보부아르

46

"정의란 같은 것은 같게
다른 것은 다르게 대하는 것이다."

아리스토텔레스
Aristoteles
기원전 384~322

✳

고대 그리스의 철학자이자 박식가.
그리스 철학이 현재의 서양 철학의 근본을 이루는 데에 이바지하였다.

＊　　　축구에서 여자 선수는 남자 선수와 같은 연봉을 받아야 할까? 당연하다. 힘든 훈련을 하고 죽기 살기로 뛰는 것은 마찬가지이기 때문이다. 다만 여자 선수들은 광고 수입과 중계료를 적게 받는다. 그러니 결국 똑같이 받을 수는 없다. 다른 직업도 마찬가지다. 같은 업무를 하면 같은 임금을 받아야 할까? 아니면 일 처리에 능하거나 협상력이 뛰어난 쪽에 더 많은 월급을 주어야 할까?

아이들이 모두 비슷비슷한 방식으로 학교 지식을 습득하고 재생산하는 일이 과연 의미가 있을까? 아니면 교육제도에, 특히 직업 시장에 접근할 다른 기회가 주어져야 하지 않을까? 아이가 좀 크면 늦게 잠자리에 들어도 좋고 용돈도 더 많이 받아야 할까? 더 어린 아이들은 품에 안고 다녀도 괜찮은가?

뒤따라오는 여성을 위해서는 문을 잡아줘도 좋고 남성에게는 그럴 필요가 없을까? 무엇이 정의롭고 정의롭지 못한가? 그것을 판단하는 잣대는 무엇일까? 질문은 간단해 보이지만 대답은 어렵다.

다소 과장된 형태로 아리스토텔레스의 문장이 인터넷에 유령처럼 떠돌아다닌다. "불평등의 최악의 모습은 똑같지 않은 것을 똑같이 만들려는 것이다." 하지만 고대 그리스 철학자 아리스토텔레스는 그렇게 말한 적이 없다. 다만 그의 《니코마코스 윤리학》에는 이런 구절이 등장한다. "따라서 분배의 정의는 A와 C, 그리고 B와 D의 결합에 있다. 그런 의미에서 공정한 것은 중간이고, 불공정한 것은 균형에서 어긋나는 것이다. 균형 잡힌 것은 중간이고, 공정한

아리스토텔레스

273

것은 균형 잡힌 것이기 때문이다."

그런데 이 과장된 표현으로 인해 무엇이 문제인지 훨씬 분명하게 드러난다. 페미니스트, 늙은 백인 남성, 반인종주의자와 인종주의자, 큰 사람과 작은 사람, 뚱뚱한 사람과 마른 사람과 같이 각양각색의 사람이 자신이 요구하는 바에 따라 그 문장을 빌려 쓰기 때문이다. 그런데 여기에는 이런 문제가 숨어 있다. 즉 우리는 모두 평등한 존재이며, 우주적 관점에서 보자면 심지어 모두가 포유류이고 동물이고 생명체이기도 하다는 사실이다. 동시에 모두는 철저히 개별적 존재이기도 하다. "너 자신이 되어라. 다른 사람은 이미 무수히 많다"라고 오스카 와일드_Oscar Wilde_는 말했다고 한다. 동질성을 강조하는 이들을 정면으로 반박하는 말이다.

모든 인간이 완전히 개별적이라면 모두가 '다르고' 모두를 '다르게' 대해야 한다. 이는 아리스토텔레스의 의도가 아닐 것이다. 이 경우 '같은 것은 같게' 대하라는 요구가 불필요해지기 때문이다.

덧붙이자면 고대 그리스 여성들은 노예와 마찬가지로 아무 권리가 없다시피 했다. 그러므로 아리스토텔레스가 '공정한' 것으로 여겼던 것과 누구를 '동등하게' 또는 '다르게' 대해야 하는지에 대한 그의 생각은 시대에 뒤떨어진 것으로 보일 수 있다.

지금은 원칙적으로 법 앞에서는 모두가 '똑같고', 따라서 평등하게 대우받아야 한다. 법정에서는 개개인의 사정과 범죄 동기, 재발 가능성 등을 꼼꼼히 따진다. 이런 점에서 대부분의 사람은 우리가 '어딘가 똑같지만' 또 '어딘가 다르다'는 점에 원칙적으로 동의하는 셈이다. 사안에 따라 이 두 가지 사이에서 타협을 해야 한다.

물론 아리스토텔레스의 문장을 일상에 활용하기 위해서 그렇게까지 머리를 싸맬 필요는 없다. 그것은 나의 생각을 단순화하는 데 유용하다. 이따금 나는 결정의 무한루프에 빠질 때가 있다. 그것을 살까 말까, 거기로 갈까 말까, 샴페인을 마실까 탄산수를 마실까? 이럴 때는 '똑같은 것을 똑같이' 대하는 것이 도움이 될 수 있다. 즉 과거에 어떤 것을(또는 그것을 제외하고) 선택해 좋았던 경험이 많다면 지금도 과거처럼 결정하는 것이다.

다만 현재 당면한 문제가 특별하여 비슷한 사례를 떠올리기 힘들 때는 좀 더 고민할 필요가 있다. 이 경우 시급한 일은 해결책에 이르는 것이 아니라 지금 상황이 어떤지를 파악하는 것이다. 지금 이 내가 아는 다른 상황과 다른 점은 무엇인가? 그러면 무엇을 숙고해야 하는지, 먼저 확인할 점은 무엇인지가 분명해진다.

아리스토텔레스의 규칙은 아이들을 키우면서 마주하는 문제를 저울질할 때도 유용하다. 아들에게 처음 운동을 가르칠 때 남자아이라는 이유로 축구를 권해야 할까? 딸은 여자아이라서 재즈댄스를? 다행히 지금은 이런 생각이 낡은 편견으로 여겨진다.

그런데 남자아이가 자유 시간에 길거리에서 공을 차고, 여자아이는 저 혼자 방에서 무용 안무를 짜고 있다고 생각해보자. 그렇다면 처음 말한 제안은 두 아이의 각기 다른 행동에 비추어볼 때 올바르다고 생각할 수도 있다.

나이가 다른 두 아이의 취침 시간이 똑같은 것과 다른 것 중에 어떤 쪽이 더 바람직할까? 우리 집에서는 그 결정이 나이 차이, 수면 욕구, 또 솔직히 말하자면 어느 쪽이 부모에게 편리한가에 따라 달라졌다. 다시 말해 비슷한 점과 차이점을 계속 저울질하면서 그 경중을 따져보았다.

아리스토텔레스의 생각에서 배울 교훈은 이것이다. 개개인이나 상황이 똑같은 경우는 없다. 따라서 중요한 것은 지금 내릴 결정과 관련해 비교할 대상의 비슷한 점이 더 큰가, 아니면 차이점이 더 큰가 하는 점이다.

덧붙여 같은 것을 같게 대하는 것이 항상 합리적인 것은 아니라는 사실을 염두에 둘 필요가 있다. 미국 철학자 해리 프랭크퍼트*Harry Frankfurt*는 《불평등》이란 제목의 소책자에 담긴 두 편의 에세이를 통해 이 점을 주장한다. 즉 공평한 분배 (또는 공평한 대우)는 모두가 '충분히' 가질 때까지만 정당화될 수 있다는 것이다. 그 수준을 넘어서면 불평등에 반대할 이유가 없어진다.

예컨대 모든 환자를 치료하기에는 필수 약품의 수량이 턱없이 모자란 경우를 상상해보자. 일부라도 살리는 대신 모든 사람에게 아주 적은 양의 약을 나눠주어 모두를 죽게 만든다면 이 얼마나 비뚤어진 형태의 정의인가.

물론 이는 평등을 정의의 으뜸가는 기준으로 정해놓은 가공의 사례다. 과연 '충분한' 것이 어느 정도 수준을 말하는 것이고, 누구를 살리고 죽여야 하는지 우리가 어떻게 알아낼 수 있는가 하는 물음에 관해서는 프랭크퍼트도 침묵하고 있다.

그럼에도 불구하고 위의 예시는 시사하는 바가 크다. 나는 친한 친구가 타는 차와 똑같은 크기의 차를 가져야 할까? 내 여동생 아파트와 방 개수가 같은 집에 살아야 할까? 어떤 아이에게는 다른 아이보다 더 많은 관심을 오랫동안 가져야 할까?

물론 나는—프랭크퍼트도 마찬가지로—불공평한 차별을 정당화하자는 것이 아니다. 하지만 내 경험상 사람들은 평등이라는 이상에 현혹되어 지금 여기서는 불평등한 해법이 더 나은 선택일 수도 있다는 생각을 하지 못한다. 물론 거기에는 충분한 근거가 따라야 할 것이다. 하지만 서둘러 그것을 거부할 필요도 없다.

달리 말하면 평등한 대우란 종종 하나의 보조 수단일 뿐이다. 물론 그것이 실현하기가 더 쉽고 그것으로 충분할 때도 많다. 하지만 진정한 정의는 개개인의 상황에 맞게 이루어져야 하고, 이 점에서 주관적일 수밖에 없다. 이는 불만족스러운 사람은 늘 있게 마련이고, 그것은 어쩔 수 없다는 뜻이기도 하다.

· 이 문장에서 깨달은 것 ·

정의감, 균형감, 질투에서 벗어나기

아리스토텔레스

47

"공정한 결정은
무지의 장막 뒤에서 이루어져야 한다."

존 롤스
John Rawls
1921~2002

✳

미국의 철학자. 계약론을 현대적으로 해석하여,
사회 정의에 대한 자유주의적 입장을 제시했다.

＊　　　몇 해 전부터 식구들은 누가 언제 어디를 청소할지를 두고 갑론을박 중이다. 봄맞이 대청소가 아니라 청소기를 돌리고 걸레질하고, 마루와 욕실을 청소하는 것 같은 일반적인 집안일에 대해서다. 온갖 시도를 다 해본다. 예컨대 이번 주는 내가 모든 청소를 도맡아 하고, 다음 주는 다음 사람이 그 일을 떠맡는 식이다. 일이 똑같이 배분되어 있다면 공평한 방식이라 할 수 있다. 하지만 자기 차례가 오면 청소를 오래 해야 한다는 이유로 다들 불만이 컸다. 그래서 이번에는 일을 분담하기로 했다. 욕실이나 부엌 청소, 청소기 돌리기, 걸레질 등 각자가 좋아하는 일을 선택하기로 한 것이다. 그러자 얼마 못 가 그 일이 지루해졌고, 지루할수록 청소를 대충 하는 일이 많아졌다. 나머지 가족들은 또 거기에 불만을 느꼈다.

한번은 아이들이 들고일어나 집안일을 돕지 않는 반 친구들 이야기를 꺼냈다. 물론 그런 아이들도 있다. 하지만 언젠가 독립해 생활하게 되면 아무것도 할 줄 모르는 바보가 되어 있을지도 모를 일이다. 이제 어른들은 정반대로 꾀를 썼다. 어른들이 돈을 벌고 장을 보고 식사를 챙긴다는 점을 들먹이며 아이들이 청소를 맡아 하는 게 당연하다고 주장한 것이다. "그럼 노예나 마찬가지잖아요." 아이들이 일제히 반발했다.

원칙적으로 가족 모두가 청소의 필요성에 대해서는 충분히 공감했다. 또 어떤 식으로든 청소에 동참할 준비도 되어 있었다. 최선의 해법은 돌아가면서 청소를 분담하는 방식이었다. 그러려면 작

존 롤스

업을 세분화해야 했다. 일반 욕실과 손님용 욕실을 함께 청소하면 부엌 청소만큼 시간이 오래 걸릴까? 식기세척기 작동과 주중에 쓰레기 버리는 일도 청소 일정에 포함될까? 모두가 주말에 똑같은 시간 동안 청소하는 것과 비슷하게 성가신 일을 나눠 맡는 것 중 어떤 것이 더 나은 선택일까? (가령 부엌 청소는 비교적 금방 끝나지만 여러 가지 도구를 이리저리 옮겨야 하므로 귀찮다. 청소기 돌리기와 걸레질은 오래 걸리는 반면 좀 더 편하다.) 이렇듯 우리는 여러 방법을 통해 찬반 의견을 제시하면서 최적의 결론에 도달할 수가 있다.

이는 비단 청소 계획을 세우거나 집이나 셰어하우스 또는 직장 등지에서 일을 분담할 때만 필요한 것이 아니다. 모든 구성원의 참여를 끌어내리려면 일의 분배 과정이 정의롭게 느껴져야 한다. 하지만 무엇이 정의로운 것일까? 어떻게 (의무 및 재화 등의) 정의로운 분배가 이루어질 수 있을까? 일단 모든 구성원이 한자리에 모여 앉아 각자가 선호하는 해결책을 제시한다. 그다음에는 어떻게 해야 할까?

존 롤스의 대표작인 《정의론》은 다양한 정치적 상황과 직업 심리학에 관련된 문제를 더 잘 이해하게끔 도와주었다. 동시에 그의 통찰 덕분에 남들과 합의에 도달하기도 한결 쉬워졌다. 롤스는 분배와 관련된 결정을 내릴 때마다 "무지의 장막 뒤에서" 할 것을 제안한다. 우리 자신이 누구인지 모르는 상황을 떠올려보자. 그럼 당연히 내가 욕실이나 부엌 중 어디를 청소하고 싶은지, 아니면 청소기를 돌리는 쪽을 선호하는지 알 수도 없다. 다만 모두가 정의로운 대우를 원한다는 점만은 전제 조건으로 내걸 수 있다.

이상적인 상황이라면 누구나 우리가 내놓는 제안을 받아들여야 한다. 아이나 부모나 똑같이 그 제안이 공정하다고 (또는 아이들의 말을 빌리자면 모두에게 불공정하다고) 느껴야 한다. 직원들도 업무 분담이 공정하게 이루어졌다고 동의해야 한다. 백만장자, 일반 납세자 또는 실업급여 장기수급자든 상관없이 모두가 사회복지국가 체제를 최적의 조화로운 시스템으로 평가해야 한다.

이어 롤스는 모두가 충분한 숙고 끝에 만장일치로 합의할 것으로 가정되는 정의의 원칙을 제시한다. 이에 관한 논란은 여전하지만, 가장 중요한 것으로 법 앞에서, 그리고 사회적 직책과 관련해서 모든 이를 평등하게 대해야 한다는 원칙이 있다. 그리고 (특히 물질적) 불평등은 가장 약자에게도 이득이 돌아갈 때는 허용될 수 있다.

다시 말해 롤스는 모든 것을 똑같이 분배해야 한다고 주장하는 것이 아니다. 가령 어떤 사업가가 많은 돈을 버는 동시에 좋은 일자리를 많이 만든 경우, 남들보다 더 이득을 보는 사람도 있지만 결국에는 모두가 이득을 보는 셈이다.

물론 일상생활에서 이런 복잡한 원칙을 적용할 일은 별로 없을 것이다. 하지만 기본적인 생각은 유용해 보인다. 이를테면 '만일 특정한 해법이 내게도 해당한다면 나는 그 방법에 동의할까?'라고 되물어보는 것이다.

우리 집에서는 다음과 같은 규칙을 제일 먼저 철폐했다. "부모

존 롤스

는 고양이 사룟값을 지불하고 아이들은 고양이 똥을 청소한다." 나 또한 어릴 적에 이 같은 원칙에 화가 났다. 그런데 어느덧 당시의 불만을 내 자식들에게 전가하고 만 것이다. 과거에 나는 서열이 가장 낮다는 이유만으로 고양이 똥을 청소해야 한다는 점에 불만이 없었던가? 절대 아니다! 그 뒤로 우리 가족은 번갈아 가며 고양이 똥을 치우고 있다.

게다가 집안일을 두고 토론하기도 한결 수월해졌다. 나는 더이상 '최선의' 해결책, 또는 타당한 근거를 가진 해법이 아니라 모두가 흔쾌히 동의할 만한 해법을 찾게 되었다. 그러려면 '솔로몬의 지혜' 같은 것이 필요하다. 예컨대 한두 사람은 할 일을 분류하고 나머지는 그것을 배분하는 방법도 괜찮을 것이다. 그럼 분류하는 과정에서 나중에 자신이 선택한 일을 잘 해낼 수 있을지를 정확히 고려하게 된다.

직장에서도 똑같은 원칙을 적용해볼 수 있다. 롤스의 깨달음을 접하고서 우리 팀에서는 자기가 맡게 될 일이 추첨으로 정해질 수도 있다는 생각으로 모든 업무를 분배하려고 한다. 그러면 스트레스도 한결 줄일 수 있다.

· 이 문장에서 깨달은 것 ·
새로운 결정 기준, 만족감, 공정함

세상 속의 나로 자리 잡는 철학

48

"인간은 인간에게 늑대다."

토머스 홉스

Thomas Hobbes

1588~1679

✳

잉글랜드 왕국의 정치철학자. 최초의 민주적 사회계약론자로,
서구 근대 정치철학의 토대를 마련한 《리바이어던》을 출간했다.

＊　　　"각자가 자신을 돌보면 모두를 돌보게 된다." 독일 자유민주당FDP 지지자들이 자주 하는 말이다. 결국 자기보다 소중한 사람은 없다는 뜻이다. 도시공원에서 옆자리 젊은이들이 음악을 시끄럽게 틀어놓은 채 즐기고 있다. 그게 거슬리면 나는 다른 데로 옮겨 앉으면 된다. 사장은 내게 점점 더 많은 업무를 지시한다. 나는 더 빨리 일을 처리하거나, 정 힘들면 사표를 내면 된다. 코로나19가 한창일 때 사람들이 다른 상품은 진열대에 놔둔 채 화장지와 밀가루로 쇼핑 카트를 꽉꽉 채우던 광경을 자주 봤다.

　　"인간은 인간에게 늑대다"는 흔히 영국 철학자 토머스 홉스가 한 말로 전해지지만, 사실은 'Homo homini lupus ets'라는 오래된 라틴어 격언을 옮긴 것이다. 이 문장은 고대 로마의 희극 작가 플라우투스Plautus의 작품에 처음 등장하는데 "Lupus est homo homini", 여기서는 '늑대'라는 단어가 문장 맨 앞에 온다는 점이 다르다.

　　홉스가 이 문장을 처음 언급한 것은 그의 대표작 《리바이어던》이 아닌 《시민론》에 포함된 데본셔 백작에 대한 헌정 편지에서였다. 더욱이 그의 의도는 인간은 서로 적대적이라고 말하려던 것이 아니었다. 그의 말을 직접 들어보자. "다음 두 가지 표현이 모두 옳다는 점에 의심의 여지가 없습니다. 인간은 인간에게 신이고, 인간은 인간에게 늑대입니다."

　　그렇다면 어째서 사람들은 줄곧 늑대 부분만 인용할까? 그것이 인상적이고 메시지를 이해하기도 쉽기 때문이다. 타인은 위험하고 당신을 위협하는 존재이니 너 자신을 잘 보호하고 지켜라. 그런 기분을 모를 사람이 어디에 있겠는가?

두 번째 이유는 홉스가《리바이어던》에서 이른바 "자연 상태"에서는 "만인에 대한 만인의 전쟁 *bellum omnium contra omnes*"이 만연한다고 주장했기 때문이다. 인간은 자연 상태로 그냥 두면 서로서로 죽이려고 하기 때문에 강력한 통치자(리바이어던)를 인정하는 편이 모두에게 더 나은 선택이라는 것이다. 그럼 통치자는 안정과 질서를 보장해준다.

흔히 학교에서는 인간에 대한 이 같은 비관적 시각을 장 자크 루소의 낙관적 견해와 비교해 가르친다. 인간은 원래 사회적 존재이고 남을 돕기를 좋아한다고 생각했던 루소는 이렇게 말한다. "나는 인간이 선천적으로 선한 존재임을 증명해 보였다고 생각한다." 현재는 네덜란드의 베스트셀러《휴먼카인드》의 저자 뤼트허르 브레흐만 *Rutger Bregman* 같은 이들이 이런 주장에 동조하고 있다.

대체 무엇이 맞는 말일까? 루소와 홉스는 이 문제에 관해 서로 의견을 교환할 기회가 없다. 홉스는 그 프랑스 동료 철학자보다 150년 정도 먼저 살았던 인물이다. 나는 두 사람 말이 모두 진실이라고 생각한다. 인간은 사회적이고, 공감 능력을 갖추었으며, 남을 돕기를 좋아하는 존재일지 모른다. 동시에 타인을 공격해 피를 흘리게 할 수도 있다. 심지어 동일한 사람이 두 얼굴의 모습을 보일 때도 있다. 그래서 늘 제멋대로 주차해 이웃에게 불편을 끼치는 사람

토머스 홉스

이 어째서 가을철마다 모과를 주변에 선물로 나눠주는지가 설명된다. 좀 전까지 역 플랫폼에서 소란을 피우던 젊은이들이 노인에게 자리를 양보하는 경우도 마찬가지다.

우리는 기계가 아니다. 일관성이 없고 비논리적이며 신뢰하기 힘든 존재다. 이기주의자, 나르시시스트, 수전노, 악당 같은 이들도 있다. 하지만 대다수는 그렇지 않다. 선한 사람, 이타주의자, 언제든 도움을 주는 이들도 있다. 물론 (유감스럽게도) 이런 사람은 드물다. 나머지는 어딘가 그 중간쯤에 있다. 때로는 늑대처럼, 때로는 착하게 행동한다.

내게 그것이 뜻하는 바는 이렇다. 나는 내가 어떤 사람이 되고자 하는지 언제든 선택할 수 있다는 것이다. 또 타인과 관련해서는, 그들이 오늘 내게 늑대처럼 굴었더라도 나쁜 놈이라고 단정할 필요는 없다는 것이다. 그들의 행동에는 동의하지 않지만 그들의 존재마저 부정하지는 않는다. 늑대도 양을 물어 죽일 때는 악한 의도가 있어서 그런 것이 아니다. 양과 양치기한테는 슬픈 일이지만 말이다.

바로 그런 이유에서 나는—대단히 안타깝지만—평소 친절한 이들도 얼마든지 악한 일을 저지를 수 있다고 믿는다. 적어도 여건이 불리해질 때에는 그렇다. 홉스를 알게 된 이후로 인간에 관한 내 믿음에 다소 흠집이 생겼다. 그렇다고 모두가 한 치의 잘못도 저지르지 않고 남을 괴롭히지 않도록 관리하는 정부 조직이 많아져야 좋은 것일까? 그것은 다소 지나친 간섭처럼 느껴진다.

그럼에도 불구하고 어째서 올바르게 작동하는 정치 시스템이 우리 삶을 수월하게 해주는지 이제 이해가 될 것도 같다. 나는 지금 우리가 그런 체제를 완성했다고 말하려는 것이 아니다. 다만 작은 정부보다는 지금 체제를 개혁하는 쪽을 지지한다는 말이다.

· 이 문장에서 깨달은 것 ·

사회적 지지의 중요성, 현실주의, 관용, 신중

토머스 홉스

49

"공명을 통한 세상과의 관계는
최적화에 저항하며,
어떤 도구로도 맺을 수 없다."

하르트무트 로자

Hartmut Rosa

1965~

✳

독일의 사회학자. 프랑크푸르트학파의 학풍을 계승, 발전시킨 기대주로,
공명 이론을 세계 관계의 사회학으로 확장하고 있다.

＊　　　　어느 상장 기업에서 고위 관리자로 일하는 친구가 있다. 이런 직책은 무엇보다도 연봉 면에서 매력적이다. 하지만 큰 단점도 있다. 언제든 대체 가능한, 거대한 기계 속의 톱니바퀴라는 기분을 떨쳐내기 힘들다는 점이다. 카를 마르크스라면 이런 상황을 현대적으로 변형된 형태의 소외로 보았을 것이다. 어쨌든 그 친구는 이렇게 신세 한탄을 한다. "내 사무실 의자에 누가 앉든 아무 상관이 없을 거야." 무력감에 빠진 친구는 자기 일에서 창의력을 발휘할 여지가 없다고 체념한다.

　　이것이 무슨 문제란 말인가? 규정대로 근무하고 월급만 제때 받아 가면 되는 것 아닌가? 그 자리가 쉽게 대체 가능하고, 그래서 그가 회사에 어떤 기여를 하든 별 상관이 없다면 말이다. 왜 우리는 이런 상황을 그냥 지나칠 수 없을까? 어째서 번아웃이나 조용한 퇴사, 우울증에 빠지는 것일까?

　　독일 예나 대학의 사회학 교수인 하르트무트 로자는 '공명共鳴, resonance'(같은 제목으로 책을 쓰기도 했다)에 대한 인간의 욕구로써 그 현상을 설명한다. 이러한 비유로 그는 우리가 타인과 진정한 교류를 원하고 있음을 드러내고자 한다. 여러 악기에 공명체가 있듯이, 우리는 타인이 보이는 반응을 두고 '공명'이라는 말을 사용한다. 이 공명을 통해 공통의 울림이 발생한다.

　　물론 그 소리가 꼭 조화로울 필요는 없다. 하지만 다음 네 가지 조건을 충족해야 한다. ① 우리는 그것이 얼마나 지속될지 알 수

하르트무트 로자

없다. 공명은 자본주의의 가속화 요구('더 높이, 더 빨리, 더 멀리')에 복종하지 않고, 항상 실시간으로만 발생한다. ② 공명을 강요하거나 의식적으로 만들어낼 수 없다. 그런 노력은 할 수 있지만 공명을 극대화하는 확실한 전략 같은 것은 없다. ③ 공명은 지극히 개인적인 성격을 띤다. 바이올린은 비올라와 다른 소리를 낸다. 내가 연주하는 바이올린 소리는 당신이 연주할 때와 다르게 울린다. 공명은 추상적 경험이 아니라 개인적이고 구체적인 경험이다. ④ 공명은 혼자서는 불가능하고 대화하는 관계에서만 가능하다. 다시 말해, 누가 행동하고, 어떤 일이 행해지고, 언제 어떻게 누구를 상대로 하느냐 하는 것이 중요하다.

로자는 세계의 가속화 현상이 인간에게 과도한 부담을 끼칠 것이라고 주장한다. 과거에도 이 같은 의심은 늘 있었다. 예컨대 철도가 발명되었을 때 기차를 처음 타본 많은 승객은 어지러움에 시달렸는데 비교적 이른 시일에 거기에 익숙해졌다.

그럼에도 로자의 말에 담긴 의미는 분명하다. 사람은 사회적 존재다. 우리는 타인과 직접 관계를 맺음으로써 자신의 정체성을 깨닫게 된다. 이 같은 인간다움의 조건은 최적화의 대상이 될 수 없다. 다만 외부 상황을 가급적 유리하게 조성하려고 노력할 수는 있다. 어떤 이는 더 빨리 그 일을 해내기도 한다. 가끔은 우리 인생이 순조롭게 진행되면서 평온함을 느낄 때도 있다. 그러다가 다시 여러 차례 새로운 시도가 필요할 때도 있다.

세상 속의 나로 자리 잡는 철학

로자의 통찰 덕분에 나는 최근의 개인화 현상을 새로운 눈으로 바라보게 되었다. 우리 주변에서는 부분적 또는 완전 재택근무를 하는 이들이 늘어나고 있다. 이 경우 시간도 절약하고 불필요하게 신경 쓸 일도 줄어든다. 게다가 개개인에 맞게 찔끔찔끔 정보를 제공하는 소셜 미디어의 등장으로 공통된 사회적 서사를 형성하기가 힘들어졌다. 대신 사람들은 저 밖에 있는 이들도 자신과 같은 의견일 것이라고 생각한다. 우리 생각과 비슷한 내용들만 우리에게 보이기 때문이다. 그 결과 각자가 수많은 작은 깡통 속에 갇힌 채 공명의 경험은 온데간데없이 사라진다.

로자도 원칙적으로는 (시간의) 최적화에 반대하지 않는다. 근대에 이루어진 기술 발전과 발명으로 인간의 삶이 한층 편리해진 측면이 있기 때문이다. 그러면서 우리 인간이 도달할 수 있는 범위도 크게 확장되었다. 스마트폰으로 언제든 누구와도 연락하고, 무엇이든 쉽게 검색할 수 있다. 이는 놀라운 발전이지만 과도한 부담으로 다가올 수도 있다. 중요한 것은 이런 가속화가 가져다주는 이점을 언제 활용할지 스스로 결정하는 일이다. 또 그것이 언제 우리에게 스트레스를 주는지 알고, 그래서 실시간으로 이루어지는 실제 경험을 누리기 위해 언제 속도를 늦춰야 하는지를 직접 정할 수 있어야 한다.

내가 얻은 교훈은 다음과 같다. 상대방이 대화하고 싶은 사람이 정말 나인지 아니면 다른 사람인지 관심을 갖기를 바란다는 것이다. 마찬가지로 나 역시 그 누구도 대신할 수 없는 사람들과 교류하고 싶다. 구체적으로는, 회의 전후로 가벼운 대화 시간을 갖도록 노력한다. 또는 사장의 지시에 대해 불편하게 느낀 점을 말로 표현해 해결책을 찾아가는 것이다. 또는 나만의 독창적인 아이디어를 내려고 노력하는 것을 뜻한다. 로자 덕분에 나는 직접적인 교류를 예전과 달리 일을 방해하는 요인으로 보지 않고 다시금 그 소중함을 알게 되었다.

· 이 문장에서 깨달은 것 ·

시간, 개인적 관심, 직접 교류, 관련성

50

"철학자들은
세계를 다양하게 해석할 뿐이다.
문제는 세계를 변화시키는 것이다."

카를 마르크스
Karl Marx
1818~1883

✳

독일의 경제학자, 정치학자, 철학자. 독일 관념론, 공상적 사회주의,
고전 경제학을 비판하여 과학적 사회주의를 창시했다.

＊   "훌륭한 저널리스트라면 아무리 좋은 일이더라도 일절 그에 관여하지 않는다." 독일의 저명한 언론인 한스 요아힘 프리드리히스*Hanns Joachim Friedrichs*는 이렇게 말했다고 한다. 어떤 입장도 취하지 않은 채 중립적으로 보도하는 것이 언론계에서는 여전히 미덕으로 여겨지고 있다.

이런 태도는 두 가지 점에서 문제가 된다. 첫째, 반대편의 발언도 늘 똑같은 비중으로 다루어야 하는 잘못된 관행을 만든다. 이런 식이라면 지구가 둥글다는 주제로 내보내는 방송에서 지구 평평설 신봉자들의 주장도 진지하게 다루어야 한다는 논리가 성립된다.

이처럼 중립성을 고집함으로써 코로나19 부정론자(코로나19가 심각한 병이 아니라 믿는 이들 – 옮긴이)들이 토크쇼나 보도에서 상당한 방송 시간을 할애받는 일이 벌어졌다. 물론 클릭 수와 시청률 확보 차원에서는 그런 방식이 유리한 점도 있다. 명백한 입장보다는 갈등 상황이 훨씬 흥미롭기 마련이다. 문제는 논쟁할 필요 없이 맞는 사실도 있다는 것이다. 이런 경우에도 저널리스트가 그 사안에 '관여한다'고 말할 수 있을까?

둘째, 저널리스트도 사람이다. 당연히 출신이 있고 편견과 의견을 지니고 있다. 과연 애써 중립적인 척 보도하는 것이 더 바람직할까? 그보다는 자신의 입장을 투명하게 밝히고 소통에 나서는 자세가 더 의미 있지 않을까? 그렇게 드러난 입장은 바위에 새겨 넣듯 고정불변일 필요는 없다. 얼마든지 거기에 질문을 던질 수 있다. 그렇지 않으면 살아가는 일 자체가 불가능하다. 저널리스트 역시 여느 사람들처럼 선택을 하고 특정한 태도를 취한다.

이 문제는 내게 오랫동안 골칫거리였다. 다행히도 강경한 중립론자들의 입김이 점점 약해지고 있다. 게다가 앞서 언급한 프리드리히스의 발언도 대폭 축약된 것이다. 본래 의도는 언론인의 기본 역할을 확실히 해두자는 것이었다. 즉 언론인은 정치인도 연예인도 광고모델도 아니다. 언론인의 참 역할은 최선을 다해 정보를 제공하는 데 있다.

정보는 인간에게 중요하다. 또 정보를 의견과 구분하는 일도 중요하다. 어떤 정보에 관한 의견을 가질 수 있고, 또 거기서 잘못된 결론을 이끌어낼 수도 있다. 적어도 내가 내린 결론과 실제 결과가 다를 가능성은 충분히 있다. 의견에 관해서는 토론을 벌여야 하고, 또 그럴 수 있어야 한다. 사실(정보)은 입증되어야 하고, 적어도 입증할 수 있어야 한다. 이것이 의견과 사실을 구분하는 기준이다.

그런데 이런 노력들이 무슨 의미가 있을까? 무엇 때문에 사람들에게 정보를 제공할까? 나아가 무엇 때문에 세계에 관한 철학적 탐구를 하는 것일까? 그 이유는 세계를 이해하고 결국에는 세계를 새롭게 만들어가기 위해서다!

이렇듯 유명한 카를 마르크스의 문장은 내가 하는 일을 새롭게 이해하는 데 필요한 마지막 퍼즐 조각을 채워주었다. 그렇다. 나는 세계를 이해하려고 한다. 그렇다. 나는 내가 이해한 것을 남들에

카를 마르크스

게 전달하려고 노력한다. 그뿐 아니다. 내게는 나만의 세계관이 있다. 신념, 견해, 걱정, 희망 같은 것이 있다. 게다가 무엇이 사실이고 무엇이 의견인지 분명히 구분한다면 자기 입장을 밝혀도 무방하다.

더욱이 그것은 꼭 필요한 일이기도 하다. 정보 전달은 중립적일 수 없기 때문이다. 주제를 고르고 단어를 선택하는 과정에서 우리는 이미 그 중요성을 따진다. 어떤 사안에는 관여하고 그 외의 것은 상관하지 않는다.

그런데 세계를 최대한 정확히 설명하고 최대한 올바르게 해석하는 일만이 중요할까? 그럼 끝일까? 천만에. 이 세상에는 자신들의 목적을 위해 모든 것을 걸고—종종 잘못된 정보를 갖고—활동하는 이들이 많이 있기 때문이다. 언론인이나 철학자라고 그런 일에 나서지 말라는 법이 있는가? 훌륭한 언론인이라면 정보에도 밝을뿐더러 비판적으로 질문하는 능력까지 갖추고 있을 것이다. 철학자는 깊이 있게 사고하고 여러 가능성을 두고 신중히 저울질할 줄 안다. 이것이야말로 우리의 의견을 세상에 적극적으로 개진해야 할 훌륭한 이유가 아닌가!

이 세계를 오랫동안 지켜볼수록, 또 세계가 바뀌어야 할 필요성이 커질수록 마르크스의 통찰이 더욱더 의미심장하게 다가온다. 중요한 것은 누가 세계를 해석할 절대 권한을 갖느냐가 아니라 세계를 새롭게 만들어가는 힘이다! 중요한 것은 세계를 (더 좋은 쪽으로) 바꿔나가는 것이다. 그 내용을 놓고서는 최대한 투명하게 토론

해야 한다. 그렇다고 말도 안 되는 소리를 하는 상대편에게까지 발언 기회를 주는 사이비 중립성은 필요하지 않다. 그보다는 건설적이고 신뢰 넘치는 대화, 양질의 정보와 근거 있는 주장이 필요하다.

마르크스에 대한 말이 나온 김에 우리에게 잘 알려진 '소외' 현상에 대해서 잠시 언급하자. 소외 문제의 해결이야말로 마르크스가 내건 중요한 목표 중 하나였기 때문이다. 다만 지금은 이 개념이 과거와는 다르게 사용되고 있다. 노동자들이 노동으로 가치를 만들어내지만 그에 대한 이득이 불공평하게 분배될 때 노동자는 자신의 노동으로부터 소외된다는 것이 원래 마르크스의 설명이었다. 그런데 현대인들은 이렇게 말한다. 우리는 익명의 거대한 기계장치에 속한, 언제든 교체될 수 있는 작은 톱니바퀴와 같은 존재다. 게다가 거기서 하는 일은 전혀 즐겁지 않다.

이 두 가지 성찰은 사실 서로 긴밀하게 엮여 있다. 마르크스가 살던 시대의 공장 노동은 즐거움과는 거리가 멀었고, 노동자들도 쉽게 다른 사람으로 대체되었다. 다른 한편으로는 마르크스가 '소외' 개념을 통해 자본주의의 구조적 문제를 지적했다면, 우리가 현대 사회의 인간 소외를 비판할 때는 무엇보다도 노동 심리학적 의미의 동기 부족을 말하는 것이다.

두 가지 모두 중요한 요인이고, 이에 대한 변화가 필요하다. 사람들이 자기 직업에서 즐거움을 느끼고 적절한 보수까지 받는다면 더할 나위가 없을 것이다. 이런 변화를 위해 노력하는 것은 옳고

카를 마르크스

중요한 일이다. 나아가 생명의 소중한 보금자리로서 지구를 지키는 일도 잊어서는 안 될 것이다.

· 이 문장에서 깨달은 것 ·

용기, 동기 부여, 태도

세상 속의 나로 자리 잡는 철학

위대한 철학자들의 문장에서 건져 올린 삶의 지혜

인생이 가벼워지는 50가지 철학

1판 1쇄 인쇄 2025년 2월 19일
1판 1쇄 발행 2025년 2월 26일

지은이 울리히 호프만
옮긴이 이상희
펴낸이 고병욱

기획편집1실장 윤현주 **책임편집** 한희진 **기획편집** 김경수
마케팅 이일권 황혜리 복다은 **디자인** 공희 백은주
제작 김기창 **관리** 주동은 **총무** 노재경 송민진 서대원

펴낸곳 청림출판(주)
등록 제2023-000081호

본사 04799 서울시 성동구 아차산로17길 49 1010호 청림출판(주)
제2사옥 10881 경기도 파주시 회동길 173 청림아트스페이스
전화 02-546-4341 **팩스** 02-546-8053

홈페이지 www.chungrim.com **이메일** cr2@chungrim.com
인스타그램 @chungrimbooks **블로그** blog.naver.com/chungrimpub
페이스북 www.facebook.com/chungrimpub

ISBN 979-11-5540-247-4 03100